憲法から考える

自信をもって いじめにNOと言うための本

Koichi Nakatomi
中富公一
著

日本評論社

はじめに

二〇一一年一〇月に、大津市立中学二年の男子生徒（当時一三歳）が自殺した。学校は翌月までに二度、全校生徒を対象にアンケートをしたが、「いじめと自殺の因果関係は不明」として調査を打ち切った。だが、アンケートの回答に「自殺の練習をさせられていた」との記述があったことが七月に発覚。市教育長は「いじめも自殺の一つの要因」と認め、市長は同年一一月に第三者調査委員会を設置した。また、滋賀県警が暴行容疑で市教委や中学校を捜索し、マスコミにも大々的に報道された。

このいじめ自殺が大きく報道されると、それにつられるように、いじめ自殺が続いた。これもいじめ自殺の特徴である。というのも、こうしたことが少なくともこの二〇年、思い出したように吹き出し、繰り返しているからである。それだけ、いじめという構造の根は広く深い。

したがって、こうした事件、事故の原因をきちんと分析し、それへの対策を取る必要性がこれまで何度も指摘されてきた。そしてこの事件では、大津市第三者委員会が綿密な調査を行いその結果を報告書にまとめたこともあって、市町村から国のレベルまで大きな議論が行われ、その結果、いじめ対策防止推進法が制定され、また教育委員会制度が改正された。その流れを整理してみると次のようになる。

（1）二〇一一年一〇月大津市の中学二年生がいじめで自殺した事件について、大津市は、同年一一月第三者委員会を設置した。委員会は二〇一三年一月三一日報告書を市長に提出した。

（2）二〇一一年一〇月、橋下徹知事（当時）が、教育行政への首長の影響力を強め、教育委員の罷免等を定める大阪府教育基本条例案を提出。二〇一二年三月二三日、修正のうえ教育行政基本条例として可決された。

（3）閣議決定により設置された教育再生実行会議が、二〇一三年一月一五日内閣総理大臣の主催のもとに開催された。同会議は、二〇一三年四月一五日答申「教育委員会制度等の在り方について（第二次提言）」を発表した。

（4）議員立法として提案されたいじめ防止対策推進法が、二〇一三年六月二八日に可決・成立した。

（5）二〇一三年一二月一三日、中教審が「今後の地方教育行政の在り方について」を答申した。

（6）二〇一四年三月一三日、教育委員会制度改革に関して自民党と公明党との与党合意が成立した。

（7）二〇一四年通常国会（第一八六回国会）で、教育委員会制度改正を行う「地方教育行政の組織及び運営に関する法律の一部を改正する法律」が成立し、二〇一五年四月一日より実施されることになった。

本書は、いじめ問題を憲法学の立場から検討しようというものである。憲法学から検討するというのは、風が吹けば桶屋が儲かるというのと同じくらい関係が薄いのではないかと思う人もいるかと思う。現に文部科学省はいじめ問題を道徳の問題として扱っている。たしかに、いじめ問題を道徳の問題として扱うことも有意義なことであるが、しかし、その基本に憲法を置いてみると、もっとよく、問題が根本から見えてくる。したがって、そこから根本的な対策が可能になるというのが本書の主張である。そしてもちろん本稿で扱う法改正の意味も、そこから説明することになる。

本書は五つの柱からなっている。一つは、いじめ問題を理解するのに必読文献ともいえる大河内君の遺書を、生徒・学生とともに読み解きながら、子どもたちがいじめをどのように捉えているか、認識を深める。二つ目は、いじめとはどういう行為をいうのか、なぜそれは許されないのか、概念を整理し、理解を深める。そのことによりどのような行為にNOと言うべきかが分かるようになるだろう。三つ目は、いじめが生じている教室の病と、その病を治す処方箋を憲法学的に検討する。そのことにより、いじめにNOと言える教室づくりができるようになるだろう。四つ目は、いじめが生じている教室をチェックし、NOと言える教室づくりを支援する体制を憲法・法学的に検討する。そのことにより学校（校長）、教育委員会、首長や文部科学省にどのような役割を期待できるのか理解できるようになるだろう。これらを通して読者は、いじめに自信をもってNOと言えるようになる。そして最後に、憲法をもっと知りたいという人のために、憲法から考えることの意味について考察する。

筆者は、自分の子どもが、いじめが契機で不登校となって以来、いじめ問題について勉強していたのであるが、ついには、いじめの定義について論文（中富「いじめ概念の憲法学的検討――児童・生徒の安全再構築のために」）を書くようになり、以来、いじめ問題について研究し、さらには中学校、高等学校等でいじめ問題に関して憲法学の立場から授業を行わせてもらっている。

今回、国の制度改革が一段落した段階で、この書を世に送ることにした。学校でのいじめ問題で悩んでいる児童生徒やその親の方々、学校の先生、教育委員会関係者、そして政治家にも読んでいただければと思っている。皆さんの忌憚ない声をいただき、いじめ問題への認識を一層深めるとともに、いじめについての魅力的な授業づくりや、いじめ問題への有効な対処方法について、研究を続けたいと思っている。

二〇一五年四月

中富公一

目次

第一章　いじめをもっと深く知るために
――大河内君の遺書を学生・生徒とともに読む…1

第一章　いじめをもっと深く知るために
――大河内君の遺書を学生・生徒とともに読む

大河内君の遺書

やはり、当時中学2年生だった大河内君が遺書を残して自殺したのは、一九九四年のことであった。

彼は遺書で次のように言及していた。「僕は、他にいじめられている人よりも不幸だと思います。それは、なぜかというと、まず、人数が4人でした。だから、1万円も4万円になってしまうのです。……あと、とられるお金のたんいが1ケタ多いと思います。これが僕にとって、とてもつらいものでした。これがなければ、いつまでも幸せで生きていけたのにと思います」と。

この遺書には強烈な印象が残っている。大河内君は、守るべきものを見失っている。大河内君は、どこまで我慢しなくてはならず、どこから怒るべきか分らなくなってしまっている。こうした人間関係の基本は人権であるはずなのに、我々の日常生活から人権が消えている。しかし彼が特別というわけではないだろう。

大河内君は優等生だったという。次に示す遺書を読んでいただければ分かるとおり、たしかに中学2年生としては、自分が受けたいじめの実態、そしてその時々の心情が良く書けている。だからこそ、大河内君がどのような思考に絡み取られているか、なぜ、いじめに抵抗できなくなっているかを読み取ることもできる。大河内君の遺書は、いじめ研究をしようとする場合の必読の書だと思う。

まずはこの大河内君の遺書を読んで欲しい。彼がどのようないじめを受け、いかなる心情を抱き、自殺していったかが分かるだろう。そしてこの遺書をめぐっての、私と生徒・学生たちとのやり取りを読んで欲しい。いじめ問題の複雑さが理解できるだろう。まずは現状を知ることから始めよう。

大河内清輝君の遺書全文

一九九四年一二月一日、葬儀の日に発見された遺書はB５判の用紙四枚に鉛筆でびっしり書かれており、同じくB５判のノート一三枚にわたって書かれた「少年時代の思い出——旅日記」とともに引出しの中に目立たない状態で置かれていた。母親宛ての約一一〇万円の借用書も残されていた。

いつも４人（名前が出せなくてスミマセン）の人にお金をとられていました。そして今日、もっていくお金がどうしてもみつからなかったし、これから生きていても……。だから……。
またみんなといっしょに幸せに、くらしたいです。しくしく。

小学校6年生ぐらいからすこしだけいじめられ始めて、中1になったらハードになってお金を取られるようになった。中2になったら、もっとはげしくなって、休みの前にはいつも多いときで6万少ないときでも3万~4万、このごろでも4万。そして17日にも4万ようきゅうされました。だから……。でも、僕がことわっていればこんなことには、ならなかったんだよね。スミマせん。もっと生きたかったけど……。家にいる時がいちばんたのしかった。いろんな所に、旅行につれていってもらえたし、何一つ不満はなかった。けど……。

あ、そうそう！　お金をとられた原因は、友達が僕の家に遊びにきたことが原因。いろんなところをいじって、お金の場所をみつけると、とって、遊べなくなったので、とってこいってこうなった。

オーストラリア旅行。とても楽しかったね。あ、そーいえば、何で奴らのいいなりになったか？　それは川でのできごとがきっかけ。川につれていかれて、何をするかと思ったら、いきなり、顔をドボン。とても苦しいので、手をギュッとひねった。助け《ママ》をあげたら、また、ドボン。こんなことが4回ぐらいあった。特にひどかったのが矢作川。深い所は水深5~6

mはありそう。図1（※略）みたいになっている。ここでAにつれていかれて、おぼれさせられて矢印の方向へ泳いで逃げたら、足をつかまれてまた、ドボン。しかも足がつかないから、とても恐怖をかんじた。それ以来、残念でしたが、いいなりになりました。あとちょっとひどいこととしては、授業中、てをあげるなとか　テストきかん中もあそんだ　とかそこらへんです。

家族のみんなへ

14年間、ほんとうにありがとうございました。僕は、旅立ちます。でもいつか必ずあえる日がきます。その時には、また、楽しくくらしましょう。お金の件は、本当にすみませんでした。働いて必ずかえそうと思いましたが、その夢もここで終わってしまいました。そして、僕からお金をとっていた人たちを責めないでください。僕が素直に差し出してしまったからいけないのです。しかも、お母さんのお金の2万円を僕は、使ってしまいました（でも、1万円は××さんからもらったお年玉で、バックの底に入れておきました）

まだ、やりたいことがたくさんあったけど、……。本当にすみません。いつも、心配をかけさせ、ワガママだし、育てるのにも苦労がかかったと思います。おばあちゃん、長生きして下さい。お父さん、オーストラリア旅行をありがとう。お母さん、おいしいご飯をありがとう。お兄ちゃん、昔から迷惑かけてスミマせん。○○（弟）、ワガママばかりいっちゃダメだよ。またあえるといいですね。最後に、お父さんの財布がなくなったといっていたけど、2回目は、本当に知りません。

see You again

いつもいつも使いばしりにされていた。

それに自分にははずかしくてできないことをやらされたときもあった。そして強せい的に、髪をそめられたことも。でも、お父さんは自分でやったと思っていたので、ちょっとつらかった、そして20日もお金をようきゅうされて、つらかった。

あと、もっとつらかったのは僕が部屋にいるときに彼らがお母さんのネックレスなどを盗んでいることを知ったときは、とてもショックでした。あと、お金をとっていることも……。

自殺理由は今日も、4万とられたからです。そして、お金がなくて、「とってこませ《ママ》んでした」っていっても、いじめられて、もう一回とってこいっていわれるだけだからです。そして、もっていかなかったら、ある一人にけられました。そして、そいつに「明日、『12万円』もってこい」なんていわれました。そんな大金はらえるわけ、ありません。それに、おばあちゃんからもらった、千円も、トコヤ代も、全て、かれかにとられたのです。そして、トコヤは自分でやりました。とてもつ《ママ》らかたったでした。（23日）

また今日も1万円とられました（24日）

そして今日は、2万円とられ、明日も4万円ようきゅうされました（25日）あと、いつも、朝はやくでるのも、いつもお茶をもっていくのも、彼らのため、本当に何もかもがいやでした。

なぜ、もっと早く死ななかったかというと、家族の人が優しく接してくれたからです。学校のことなど、すぐ、忘れることができました。けれど、このごろになって、どんどんいじめがハードになり、しかも、お金がぜんぜんないのに、たくさんだせといわれます。もうたまりません。最後も、御迷惑をかけて、すみません。忠告どおり、死なせてもらいます。でも、自分のせ《ママ》にされて、自分が使ったのでもないのに、たたかれたり、けられたりって、つらいですね。

僕は、もう、この世からいません。お金もへる心配もありません。一人分食費がへりました。お母さんは、朝、ゆっくりねれるようになります。〇〇（弟）も勉強にしゅうちゅうできます。いつもじゃまばかりしてすみませんでした。しんでおわびします。

あ、まだ、いいたいことがありました。どれだけ使い走りにさせられていたかわかりますか。なんと、自転車で、しかも風の強い日に、上羽角（地名）から、エルエルまで、1時間でいってこいっていわれたときもありました。あの日はたしかじゅくがあったと思いました。あと、ちょくちょく夜でていったり、帰りがいつもより、おそいとき、そういう日はある2人のために、じゅくについていっているのです。そして、今では「パシリ1号」とか呼ばれています。あと、遠くへ遊びにいくとかいって、と中で僕が返《ママ》ってきたってケースありませんでしたか、それはお金をもっととってこいっていわれたからです。あと、僕は、他にいじめられている人よりも不幸だと思います。それは、なぜかというと、まず、人数が4人でした。

だから、1万円も4万円になってしまうのです。しかもその中の3人は、すぐ、なぐったりしてきます。あと、とられるお金のたんいが1ケタ多いと思います。これが僕にとって、とてもつらいものでした。これがなければ、いつまでも幸せで生きていけたのにと思います。テレビで自殺した人のやつを見ると、なんで、あんなちょっとしかとられてないんだろうっていつも思います。最後に、おばあちゃん、本当にもうしわけありませんでした。

遺書

（America用の手紙だけど……）

（ぜひ、旅日記もよんで下さい）

お金をとられはじめたのは、1年生の2学期ぐらいから。

お母さんは、昔、教会につれていくっていってたこともあったよね。あのときは、とてもいきたかった。（つけたし）日曜日も、また、2万円と1万円をようきゅうされました。そういえば、なぜ、ぼくが今度お金をとったら「しせつにいく」といったか。それは、そっちの方が幸せだと思ったから。彼らから、遊ぼっていうんだ。そして、いかないと……次の日にたくさんのお金をとられちゃうんだ。だからテスト週間でもあそばないといけなかったんだ。1年生のころは、彼らも、先輩につかまっていたから、べんきょうもできた。

※エアメールの封筒の表紙に書かれていたこと

借用書
平成6年8月　114万200円　働いて必ず返します。

私はいじめに関する授業や講演で、高校生や大学生にこの大河内君の遺書に対する感想を書いてもらうことがある。その都度、聞いていることは違っているが、大学生には私の憲法の授業で、高校生にはいじめの授業に行ったときなどに、答えてもらっている。これから紹介するのはそうした私の十年近い取組みのなかで書いてもらった感想の一部である。これを紹介する意図は、いじめの現場にいる当事者たち、あるいは当事者に近い年齢の学生たちの感覚や意見を紹介し、それによりいじめ問題の認識を深めることにある。いじめ問題への社会の意見には、表面的な安易な意見も散見される。まずは、子どもたちの意見をゆっくりと聴くことが必要だろう。

なお、大学での教養憲法の授業では、十五回の授業のうち三〜四回をいじめ問題に当てた。回答してくれた学部生は、教育学部、文学部、経済学部、医学部保健学科、工学部、理学部などの学生である。また法学部ゼミでは、いじめ問題を素材に、法学的アプローチを議論した。

問1　大河内君の遺書を読んでどう思いましたか？

若者はこの遺書を読んで何を感じ、何を考えるだろうか。まずはブレーンストーミングとして、自由に語ってもらった。

a　遺書を読んで、変な感じがした。この子は気の毒だと思うけれど、自分の不孝を受け入れてしまっていると思う。先生とか親に話したりしたんだろうか。「どうせ誰に言ってもムダ」という感じのあきらめと自分は不孝なんだと自分で決めつけているふうだと思った。

b　大河内君の遺書を読んだとき、腹立たしくてしかたがありませんでした。人の命をもてあそぶいじめっ子たちには当然腹が立ちましたが、自分の家族にも相談せず、勝手に死んでしまった大河内君にも腹が立ちました。誰でもいいから、一人でも相談できたとしたら、この子は生きていけたかもしれないのに。死ぬことでしか解決できないのは弱いと思います。

c　大河内君の遺書を読んで、彼はいじめた相手に対する恨みのようなことを書いていなかったのが不思議だった。

d　「これは誰のせいなんだろう？」とまず思いました。やはり、一番責任があるのはいじめた子だと思うが、放っておいた先生、それだけ大量の金を与えていた親、また、素直に金を出してしまった大河内君本人。みんなに責任はあると思います。

まずはとまどいを示しているものを集めた。共通するのは、心情的な意味での違和感だろうか。どうして恨み言も言わないのだろうか、どうして相談しなかったのだろうか、いじめを受け入れてしまっているようだ、どうして我慢して抱え込んでしまったのだろう、などである。私も授業で、こうした人権侵害には、毅然として立ち向かうべきではないか、あるいは逃げるべきではないか、相談すればよかったのにと言っていたことがある。こうした意見も、このような違和感から来るのかもしれない。しかし、こうした意見には、いじめられた経験のある学生からは強烈な反発が返ってくる。それを紹介しよう。

e　「大河内君の遺書」の感想を読んで腹が立ちました。この感想を書いた人たちはいじめを受けた事があるんでしょうか？　私は小さい頃からずっといじめを受けてきました。もちろん死のうと思ったこともあります。人間いじめられ、毎日けなされているとどんどん視野が狭くなります。誰かに相談しても、その人がもし誰かに話してしまえば、いつも以上にキツイものが待っている…そんななか人を信用して相談できるでしょうか？　何も分からない人に一般的感想を言われると腹が立ちます。

f　大河内君の遺書についてですが、感想を読ませてもらった限りでは、皆はいじめられている人の気持ちを分かってなくて解決しようとするからいけないと思う。自分が本当にいじめられて、どうしようもなくなった時、解決策なんて見つかりません。親にも言えなければ、先生にもいえません。僕のときは、お金ではなく、消しゴムや体操服、教科書などを捨てられたりして、よく親にだらしがないといってたたかれて怒られました。それでも親にしかられているときは悔しくて仕方がないけど、休日などに遊んでもらえると、学校のことを忘れられるものです。いじめられて解決策が見つからないと、たしかに第三者的な目で自分の事を見るようになってきます。先生は問題ばかり挙げていますが、本当にいじめられている人の気持ちは分かっていないと思う。命や自由や金を自分で守れといいますが、複数の人に絡まれたら守れるものではありません。怖いのです。いじめられ孤独になるとどんなことをおいてでも仲良くなろうとするものです。

g　大河内君の遺書のところで、先生の考えに対して疑問がありました。まず一つ、「なぜ危険な人物とつきあうのか。そんなそんな人とつきあわなければいいのに。つまり彼には自分を守る意識が無い」とおっしゃいましたが、本当にそうでしょうか。いじめの場合、相手が近づいてくる事が多く、守りようがないのでは、と思いました。…同じようなもので「彼はきちんと断るべきだった」というのもそんなものは誰でも分かっているもので、わかっているけどできないからいじめ、自殺があるわけで、それを助けるのが憲法であり人間だと思います。……

強烈な反発である。これら感想から、いじめられている本人たちは、部外者がこうしたらいいのにと判断するような健康性を剝奪されていることが認識させられる。いじめは正常な判断力を奪っていくものであること、そういう意味でも単純な犯罪とは質的に異なっていること、いじめられている子どもたちの目線に立って相談に乗るべきこと、いじめられている子どもたちを責めてはいけないことを学んだ。

この感想を読んだ別の学生たちのなかからは次のような感想を述べる者も出てきた。

h　いじめられる人といじめる人間は、蛇と蛙のような関係であると思う。いじめる人間は、鋭い嗅覚でいじめやすい人をかぎ出すのであり、そうなるといじめられる人は抵抗できない。

i　いじめられている人は、普通の心理状態ではなく、だんだんと自分の意識も薄れ、いじめている人の奴隷のように、洗脳に似た感覚になります。そんな人が、弁護士会に相談したり、警察に被害記録を見せたりして解決しようと思うだろうか。

j　たしかに命・自由・金を守るために戦わなければならない。しかし、戦うことのできない弱い人だっていると思いました。気が弱く戦うことのできない人間にその弱さを責めるのは酷なことであると思った。

しかし大河内君の心情に寄り添うことは必要なことであるが、このまま大河内君の世界に入ってしまうと、いじめに抵抗できなくなってしまいかねない。それでいいのであろうか。やはり客観的に見れば、いくつかの疑問が残る。以下の感想は法学部ゼミでの感想である。

k　自殺する前に親兄弟や先生に相談できなかったのか。

l　自殺するほどのいじめを大河内君が受けていたことに親や先生は気づかなかったのか。

m　なぜお金を要求してくる四人の名前を出せなかったのか。

n　いじめている側の生徒はどのような気持ちや考えで大河内君にお金を要求したりしていたのか。
o　大河内君をいじめていた生徒たちはどのような処罰等を受けたのか。
p　大河内君の自殺に対して学校側はどのような対応をしたのか。

このような疑問に対して、そうするしかなかった事情が様々であることは、先の感想でも理解できる。しかし、逆に、どうしたらそのようなことができるようになるのか問うことが重要である。その意味で、法学生らしい回答だなと思う。これら論点については、以後さらに、考察を深めて行きたい。

なお多くの人は、なぜ大河内君が「いじめた人を責めないで」と書いたのか、不思議に思っている。これも様々な角度からの検討が必要だが、ここではこの遺書は何のために書かれたかのかということから考えてみたい。そこで、次の問を発してみた。

問2　この遺書は何のために書かれたと思いますか？

a　この遺書はいじめの告発もあるが、むしろ迷惑をかけた家族への謝罪のために書かれたのだと思う。
b　家族に対する謝罪や感謝が多く、大河内くんはとても家族思いで家族が大好きなのだと思った。
c　家族にあまり心配をかけないように振る舞っていたのだと思う、それゆえ大好きな家族に誤解されたことが大きなダメージになったのだと思う。

d　最後に遺書という形で今までの自分の行為に対する家族の誤解を解きたかったのだと思った。共感できる感想を集めてみた。もう親からお金を取るのは嫌だという罪の意識、お金をとったことに対する謝罪、自分が遊ぶために盗ったという家族の誤解を解いておきたかったこと、そして育ててくれた親への感謝の思いを残したかったのだと。それにしても自殺して謝罪するというのは、中学生なのにあまりにあわれなのではないだろうか。

問3　大河内君は具体的にどのような行為を受けていましたか？

これは客観的に確定できる。大河内君の受けた行為を整理すると次のように類型化できると思われる。

① 川でおぼれさせられそうになった……生命
② なぐられたりけられたりした、強制的に髪を染められた……肉体
③ 使い走りさせられた、授業中手をあげるなと強制された、はずかしいことをやらされた、テスト期間中遊べと強制された、朝早く家をでるよう強制された、お茶をもってこいと強制された、塾についてこいと強制された……自由
④ お金をとられた、ネックレスをとられた……財産

これら行為の侵害対象となったものは、「生命」、「肉体」、「自由」、「財産」に分類される。これはジョン・ロック（一六三二〜一七〇四年、イギリスの哲学者）がプロパティと呼んだものであり、

それは後に人権と呼ばれるようになった。このことは第二章（70頁）で扱う。ここでは、これら行為は人権侵害の行為であることを確認しておきたい。

問4　問3の行為は問題行為ですか。なぜですか。法律で罰すべきですか？

この質問についても第二章定義Gの理論検討（91頁）で考える。そちらを見て欲しい。

問5　問3の行為以外にどのような行為がいじめだと思いますか？

第二章で扱う、定義Dで列挙された行為（84頁）とそれを読んで高校生に加えてもらった回答である。彼らが嫌がっている具体的行為が挙げられている。

＊　いやな悪口を言ったり、からかったりする。
＊　無視をしたり仲間はずれにする。
＊　たたいたり、けったり、おどしたりする。
＊　その人がみんなからきらわれるようなうわさをする。
＊　紙などにひどいことを書いてわたす。
＊　その人の持ち物にひどいことをかいたりする。
＊　給食に何かを入れられる。
＊　教科書を破られる。

* 上履きを隠される。
* 無理矢理荷物を持たされる。
* その他嫌なことを強要される。
* メールで自分の悪口がまわる。
* いじの悪いやりかたで、何度も繰り返しからかう。
* 自殺を促す。
* 犯罪を促す。

問6　それら具体的行為がいじめですか。それともいじめとは、それに留まらない何か違う要素を含んでいると思いますか？

それはなぜ嫌なのだろうか。高校生に考えてもらった。

* 具体的行為がいじめだ。いじめなどという曖昧な概念を私は認めない。
* 具体的行為が相手に嫌な思いをさせる目的で行われる。
* いじめを受けて苦しんでいるのを見て楽しむ要素が含まれる。
* 悪意や敵意があること。
* 威圧感や恐怖感を相手に与える。
* 周りがその行為を見過ごしている。見てみない振りをしている。

＊　その心を徐々にむしばむ要素。被害者の心が傷ついていること。
＊　精神的に追い詰める。
＊　誰かの尊厳が不当に傷つけられている。
＊　卑劣な行為。人の心を傷つける。存在を否定する。嫌がっていることをするから。
＊　人として平等に扱われていない。

具体的行為そのものがイジメだという意見もあるが、多くの生徒はむしろその行為の背景にある、意図に着目している。嫌な思いをさせる、嫌がるのを楽しむ、悪意や敵意、恐怖感を与えるなどである。また周りの者がそれに対して見てみない振りをしていることもいじめの重要な要素としてあげられている。それは、被害者の視点にから見ると、それらの行為が継続することで被害者の心が傷ついていくこと、「人として平等に扱われていない」という思いを募らせることにポイントがあり、その結果、「その人の尊厳が不当に傷つけられている」ことに、いじめの本質があることを示唆している。

これら行為に、「それは法律で罰すべき行為ですか」という問を投げかけた。それに対しては次のような回答であった。

a　法に引っかかるものではない。
b　法律で罰すべきだが、事実の確認が難しい。

c　法はそこまで踏み込むべきではない。

d　法で罰せなくとも、私はそれを許せません。

e　悪質な場合は法による救済が必要。

f　人の本能を抑えるために罰しなくてはならない。

高校生だが、しっかりした回答である。私もそう思う。e「悪質な場合は法による救済が必要」という要請に応えているのが、第二章で見る**定義Ⅰ**（100頁）である。では法的に対応できなければ放置せざるをえないのか。しかしそれでは現状は変わらない。f「人の本能を抑えるために罰しなくてはならない」と考えるべきか。誰がどのように罰するべきかが難しい問題である。この問題は、第三章（143頁）で検討するのでそちらを読んで欲しい。

なお大河内君についていえば、加害者が大河内くんに対して行っている具体的な行為一つひとつが犯罪に当たる。しかし、いじめは一回だけの犯罪と違って、日常的に繰り返されるところに特徴があり、それが圧倒的な精神的苦痛を生じさせている。

問７　シカトはいじめでしょうか？

なお、暴力行為を伴わないシカト（無視）について、私の授業において、これは対象になる行為自体が無いので法的には責任を問えないのだから、つまり誰でも友達を選ぶ権利はあるのだから、教室の中ばかりに友達を求めないで、外に友達を求めたらどうだろうと述べていた時期がある。こうした意見については学生たちから強烈な反発があった。

a　シカトが平気という先生の意見もおかしいです。大人の目から見て理屈で解決しようとする親や先生が多いから、いじめられている子どもの気持ちは分からないし、解決しないのです。

b　教師になりたい私としては聞き捨てならないのは、「シカトなんてたいしたことない。こちらも無視すればいいだけの事だ。命・自由・金を侵されたときに、全力で守るべきだ」というものです。これは、シカトされたことのない人、またはされても平気なくらい外向的な性格な人だからこそ言えることです。シカトされてどれほど辛いか分かっていらっしゃいますか？　それで不登校になったり、自殺したりしている子どものいる現状をどうお考えなのでしょうか。

c　先生が「シカト」をされる恐ろしさを知らないのは、されたこともなければ、新しいグループに入るのがどれほど大変か経験した事がないからです!!　時として憲法なんて無力なんだから!!　人間は憲法だけで生きていけない。

d　「シカトなんてたいしたことない」と先生がおっしゃっていたのは、憲法の視点からだと思って、私は聞いていた。シカトされても、自分を守る方法は法的にはたくさんある。人権を守る方法として、国家はいろいろ用意している。でも、自分たちに行き場がないと思ってしまうのは、法に対する知識がないからだろうか。自分の命・自由・金を守る方法を知っていたとしても、やっぱり動き出せない。いくら地位や命や財産が法によって守られたって、心の傷はいえない。例えば、賠償金をもらったからといって、過去が消えるわけではなく、そのまま生き続けて本当に幸せだと思えるだろうか。法は人間の心の中まではふみこめないのだ。人間の心は人間でしか守ることはできない。

こどもたちにとって、そして大人にとってもシカトは、やはり重大な問題だ。特に女性からの反発が強かった。ただ大人は、一つのグループで相性が合わなくても、別のグループを探すことができる。したがって、私は、視野を広くもって友人を求めたらどうだろうと言ったのだが、彼らには、それはやはり第三者的な意見、大人の意見としか受け取られない。それだけ切実なのである。私も、憲法なんて無力だと言われて、シカトの苦しさを憲法で表現できないか考えるようになった。それに対する私の回答は、第二章第三節（104頁）で検討するのでそれを読んで欲しい。人間にとって、大事なのは、ロックが言ったような「生命、自由、財産」ばかりでなく、もっと根底に、人間の尊厳、憲法一三条のいうところの「個人として尊重される」ことがあることに改めて気づかされた。「人間が、コミュニケーションの相手として社会によって真面目に扱われる」ことの重要性はいくら述べても語り尽くせないであろう。

江戸時代にも、忠臣蔵で有名な大石内蔵助《おおいしくらのすけ》良雄は、次のような辞世の句を詠んでいる。「あらたのしや／おもいは晴るる／身はすつる／浮き世の風に／かかる雲なし」

これから切腹をする人間が、「あらたのしや」と詠んでいるのである。なぜだろう。私は、いじめ問題に取り組む前は、主君の仇《かたき》が返せたから、つまり「忠」が実現したからとしか思っていなかった。しかし、いじめ問題に取り組むようになってから、この歌の意味が分かるようになった気がする。当時社会的義務とされた「忠」の遂行（この場合、主君の仇討ち）だけが問題なら「あらたのしや」とは言わないだろう。吉良上野介《きらこうずけのすけ》にいじめられた、つまり人間としての尊厳を傷つけられた主君の無念、そして彼ら自身の無念を晴らせたからだと思われる。だからこそ「おもいは晴るる」と詠んだのだろう。つまり人間として認めさせたことに満足したのである。昔から、「個人として尊重されること」は、命や財産より重いものとして大事にされてきたことが分かる。

たしかに個人の尊厳は、本人が自分で勝ち取っていく側面もある。だからこそ、自らの尊厳を求める人生には意味がある。また個人には、友達を選ぶ権利もある。むりやり自分を尊重しろと他人に要求するのは難しい。しかし、自己実現を図るうえで、個人として尊重されることは最低限の条件だともいえる。この概念の段階構造を教えてくれるのはマズローの「ニーズの階層」である（次頁の図を参照）。個人の尊厳は自ら獲得するものだというのは、上層の二つの部分に当たるだろう。それに対し、自己実現を図るうえで「個人として尊重される」ことは最低限の条件だという場合、それは下層の三層に対応するといえる。これは自分で獲得することはできない。他者から与えられてはじめて実現するものである。「生理的要求」は家庭が、「安全欲求」は家庭、地域社会、学校が、そして「社会的欲求」は、学校や地域社会が、基本的には保障すべきものであろう。そこから先は自分の問題である。学生の感想に次のような意見があった。そのとおりだと思う。

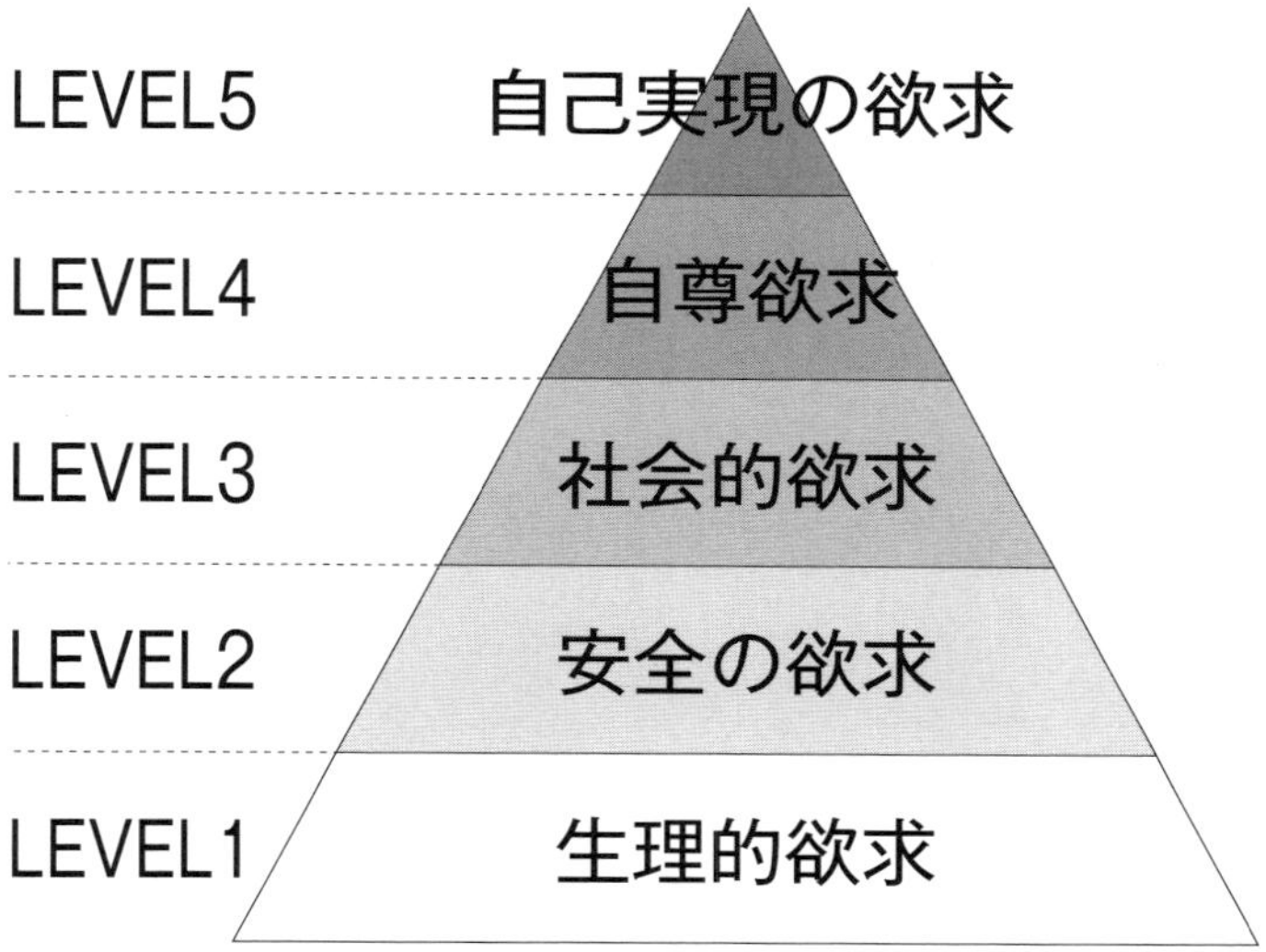

A.H. マズロー（著）、小口 忠彦（翻訳）『人間性の心理学―モチベーションとパーソナリティ』産能大出版部；改訂新版（1987/3/10）

①**生理的欲求**とは、生物として生きていくための衣食住等の最低限の欲求。
②**安全**とは、家や学校が、安心して生活し活動できる場であること。
③**社会的欲求**とは、誰かとコミュニケーションを取りたい、誰かと一緒の何かに参加したいという欲求。
④**自尊欲求**とは、他者からの賞賛を求める欲求。
⑤**自己実現の欲求**とは、自分の能力を発揮し、自己の成長を図りたいという欲求、である。

e　シカトは立派ないじめだと思います。シカトとは相手の存在を否定することです。話しかけられたら応えるのが人としての常識であり、その人と友達になりたいかなりたくないかは別の問題だと思います。その相手と友達になりたくなければ、相手の存在を否定する方法以外のやり方で相手との関わりを少なくするべきです。

道徳教育の項目に礼儀というのがあるが、道徳で礼儀を教えるなら、まさにこうしたことを教えて欲しいものである。

問8　いじめはなぜ辛いのだと思いますか？

この問は問6（17頁）の発展でもある。先の高校生たちは次のように答えてくれた。

a　仲間だと思っている人から繰り返し行われる。だから辛い。

b　「自分は避けられている」とか「周りは敵ばかりだ」と思ってしまう空気。

c　存在価値を否定されるような雰囲気。

d　いじめを受ける側は何が正しいか分からなくなる。

e　自分の人間性を否定された気持ちになる。存在しなくていい、あるいは自分が存在していることが悪いことであるように思わされる。

やはりいじめは、生命や財産に対する侵害だからというより、人間としての自尊心の問題であると受け止められていることがよく分かる。そして、それはまず、「仲間だと思っている人から」「繰り返し」行われ、「自分の人間性を否定された気持ちになる」からであるとされる。ここでは、一定の関係にあるいじめ加害者と被害者の二者関係に焦点があたっている。

さらに「自分は避けられている」、「存在を否定されているような雰囲気」とは、加害者と被害者以外の人間関係を想起させる。よく、いじめには、加害者とそれをはやし立てる者、そして傍観者がいるといわれるが、まさに、いじめが続くことで誰も味方が居ないと思わされること、それがいじめを辛いものとさせるのである。

この傍観者層について、森田洋司は次のように書いている。「傍観者層は、学級集団活動には積極的で協調性に富み、集団の価値に強くからめとられている。この層には大学進学を希望し、成績も比較的良い子が多い。いじめを見て見ぬ振りをする傍観者的な態度と、受験戦争のルールを踏み外すまいとする安定志向とは無関係ではない」(『新訂版　いじめ　教室の病い』一六二頁)と。これを紹介して、学生たちに君たちもこうやって受験勉強をクリヤーしてきたのではないかと挑発してみた。これに対してある学生は次のように書いてきた。

f 「私はクラスでいじめに対して傍観者になったことがあります。その時、いじめに関心がないわけではなかったです。ただ、いじめている人たちは、けっこう周囲に気を配っていて、私も見張られている気持ちでした。親にはクラスで起こっているいじめを伝えることができても、それを先生に言うことはできませんでした。その時の私のストレスは大きなものでした。……『傍観者も加害者も一緒』と言われると本当にそうなのか？　と疑問に思います。『自分がいじめられないからいい』なんて、これっぽちも思っていないのです。」

子どもたちは真面目で、健全なのである。尾木直樹は次のように言う。「いじめの克服に必要なことは、クラスの友人の動向にあることがはっきりした。……いじめの発生場面で、解決への一番の鍵を握っているのは、大多数の傍観者です。この層がすばやく的確な対応をすれば、いじめは容易にストップできます。」（『子どもの危機をどう見るか』五六頁）。しかしこの傍観者層は、自分もいじめられるのではという不安を抱えている。教師が本気で動くこと。それがこの傍観者を動かす要因であるように思われる。

問9　大河内君はなぜ自殺したと思いますか？

この問に対する高校生の回答は以下のようであった。

a　これ以上家族のお金が自分のせいで少なくなっていくのが申し訳なかったから。
b　家族をうらぎることへの心苦しさ。家族を守りたかったから。
c　自分の犯した罪から逃れるため。
d　自分を責めることに疲れたから。
e　いじめから逃れるため。
f　いろんな思いに押しつぶされてしまった。

g　絶望？　不安？　自己嫌悪？

h　精神的に重大な損傷を受けて錯乱していたのではないか。

i　お金を取ったことを家族の人に注意されたから。

j　自分の存在価値を見いだせなくなったから。

これら回答はすべて当たっているだろう。しかしそれらの中で、a、b、c、dなどに見られるように、特に親からお金を取ってしまったことが何より重視されている。これに答えてくれた高校生は岡山でも有名な進学校の生徒である。言いつけを守る良い子という意味でも「優等生」だなと感心する。しかしだからこそ、ここに日本の教育、つまり家庭教育、学校教育の問題性が現れているのではないだろうか。それとの関係で、大河内君には何が足りなかったと思いますか？　という質問に対して、「盗みをすることへのモラル」との答えも多かった。

この高校生たちはたしかに、立派な倫理観を持っているし、財産は憲法でも重視している重要な価値である。また、この倫理観を貫いて、いじめ者にお金の提供を断り続けたら、たしかにいじめは収まっていたかもしれない。そうでなかったもしれないが。

しかし「そこか？」と思わざるをえない。親からお金を盗ることが嫌で、あるいは盗ることに精神的に疲れたから、自殺しますと言われて納得する親はどこにもいないだろう。しかし、大河内君と近い世代の彼らの回答は、きっと大河内君の心情に近いのであろう。死んでお詫びをするというより、もう親からお金を取る罪悪感に耐えきれなかったというのが大河内君の心情に近いのかもしれない。しかし、これが中学生、高校生の心情だとすれば、親は、子どもに何を教えるべきだろうか。「親の言うことを聞きなさい」とか、「お金を大事にしなさい」、「勉強しなさい」という価値観を教える前に、もっと伝えなければならないことがあるということをこの回答は教えてくれる。

jの回答は、先の質問の「いじめはなぜ辛いか」という回答と連関していて、説得力がある。しかし、いじめが辛いからといって誰もが自殺しているわけではない。その意味で、f、g、hの回答はそうした辛さが重層化、深刻化、連続化した結果ではないかということを示唆している。

そしてi、私にはこの指摘は正しいように思われる。それは自殺の主たる原因が、親の注意にあったという意味ではない。様々な形で「自己の存在価値」を否定され続け、それが重層化、深刻化、連続化した結果、もう生きるのがしんどくなった時に、唯一の味方であると思っている親が、そのことを理解してくれていなかった、そればかりでなく、一般の大人と一緒に自分を責めている、やってはいけないことくらい分かっているのにという思いが、彼を追い詰めたようにも思われる。大河内君は遺書に次のように書いている。

「なぜ、もっと早く死ななかったかというと、家族の人が優しく接してくれたからです。学校のことなど、すぐ、忘れることができました。けれど、このごろになって、どんどんいじめがハードになり、しかも、お金がぜんぜんないのに、たくさんだせといわれます。もうたまりません。

最後も、御迷惑をかけて、すみません。忠告どおり、死なせてもらいます。でも、自分のせいにされて、自分が使ったのでもないのに、たたかれたり、けられたりって、つらいですね。」

毎回、財布から4万円も盗られて、それで子どもは髪を染めて、塾にも行かずに遊んでいると思っている親が、その子をたたき、死んでしまえと言ったかもしれないというのは、ありうることだろう。しかし、親は本気でそう思っているわけではない。立ち直って欲しいのである。だからこそ大河内君も親が大好きだった。オーストラリアの旅のエピソードなどが、彼のなかで大切に記憶されている。しかし、どうしようもなく追い詰められていたのであろう。

大河内君の遺書は他人事のようだという感想があったけれど、私はそうは思わない。これは、いじめ加害者を告発するために書かれたのではない。これは親に対するラブレターである。どうして分かってくれなかったのだという思いと、それを自分が伝えていないから分からないよなという思いの葛藤のなかで、それでも親に謝り、愛を伝えたかったのだと思う。

親は、常に子どもの味方でいるべきだというのが、私がこの遺書から受け取ったメッセージである。

私の大学のゼミ生の回答のいくつかを紹介しておこう。

k　遺書の文面からまともに考えるのであれば、加害者集団から大きな肉体的苦痛、精神的苦痛を受けたから自殺した、ということになる。ただ、それ以上に家族から信用されていないと思ってしまっていたことが自らを追い込む要因になっていたのではないかと考えられる。

l　これには大きく分けて自己的要因と他者的要因の二つがあると考える。

自己的要因　いじめという行為自体からの逃避

例　多額のお金を請求される、暴行される

他者的要因　家族や親族に迷惑をかけたくない

例　親の財布からお金を抜き取る

大河内君の遺書を読むと家族への謝罪と感謝が多くの言葉で書かれている。これを見ると、家族に迷惑をかけることのほうが大河内君にとって辛いことだったのかもしれない。

これらの回答は、回答の要素を複数挙げ、それらを整理し順位をつけるという少し複雑な作業となっている。さすが大学生というべきであろう。ところで、これらとまったく異なった視点を提供してくれた回答があった。私の大学の一般教養の授業に出てくれていた医学部保健学科の社会人学生で、現役の看護師さんからの感想である。

m　遺書にも書いているが、自殺の一番の理由は出すお金がなくなったことが直接的な理由だと考える。しかし、それは結果論でプロセスを考えると日常的に繰り返されてきた様々な行為が重なりあい、苦痛を生じ、自殺へとつながることになったと思う。大河内君はライフサイクルでは思春期に相当する。この時期のストレスは自殺、不登校を招きやすい。大河内君には社会的ストレッサーが加えられている。ハンス・セリエはストレス段階を「警告反応期・抵抗期・疲憊《ひはい》期」に分類し、疲憊期へ陥ると生体内のホメオスタシスが破壊し、自己ではどうにもならなくなると述べている。大河内くんの場合、疲憊期に相当している。

専門が違う人との知的交流は教えられることが多い。感謝である。しかし、こうした専門用語には慣れていないので、さっそく調べることにした。「疲憊《ひはい》」とは、「疲れ果てて弱ること。疲労《ひろう》困憊《こんぱい》」の意味である。「ストレッサー」とは、ハンス・セリエ（一九〇七〜一九八二年、カナダの生理学者）によれば、「ストレスを引き起こす外部環境からの刺激」と定義されている。

また「ホメオスタシス」とは、生物の持つ重要な性質の一つで、生体の内部や外部の環境因子の変化にかかわらず生体の状態が一定に保たれるという性質、あるいはその状態を指すとされる。そしてセリエによれば、ストレッサーに対する全身適応症候群として三つの時期が分けられるとされている。

警告反応期……ストレッサーに対する警報を発し、ストレスに耐えるための内部環境を急速に準備する緊急反応をする時期である。

抵抗期……生体の自己防御機制としてのストレッサーへの適応反応が完成した時期で持続的なストレッサーとストレス耐性が拮抗している安定した時期である。しかし、この状態を維持するためにはエネルギーが必要であり、エネルギーを消費しすぎて枯渇すると次の疲憊期に突入する。しかし、疲憊期に入る前にストレッサーが弱まるか消えれば、生体は元へ戻り健康を取り戻す。

疲憊期《ひはい》……長期間にわたって継続するストレッサーに生体が対抗できなくなり、段階的にストレッサーに対する抵抗力（ストレス耐性）が衰えてくる。疲憊期の初期には、心拍・血圧・血糖値・体温が低下する。さらに疲弊状態が長期にわたって継続し、ストレッサーが弱まることがなければ、生体はさらに衰弱してくる。（ウキィペディアから）

つまり大河内君は、いじめによる過度のストレスで、生体的にすでに弱っており、抵抗力が失われている。この疲憊期で極度に弱っている時、大好きな親が、普通の大人のような言葉を述べたこと、それが最後の引き金を引いたようにも思われる。しかし、法的責任がそこにあるかといえば、九九％衰弱させた方に九九％の責任があるのであって、親による引き金は、ストレスで満杯になった器への最後の一滴だったと思われる。

では、こうした子どもに直面した場合、親や教師はどうしたらよいのであろうか。特にいじめられている子どもが持つ短所に気付き、改善を促したいという認識を持った場合、つい一言、言ってしまいそうである。

しかし、「風邪を引いて熱を出している子どもの枕元で、なぜ熱を出すようなことをした、普段からの注意が足らないと、問い詰めても無駄なことである。教師（親）がまずやるべきことは、手立てを講じて熱を引き下げ健康を回復させることである」とされる。というのも、いじめられている子どもは、①精神的に深く傷つき、②自己主張ができない所まで追い込まれ、③くり返されるいじめで我慢することに馴らされている。そのような深刻な状況に落ち込んでいる被害者の立場や心の動揺を教師が正しく認識し、徹底的に受け入れること。精神的な安定を図って自信を持たせることがすべてに優先して取られるべき対策である、からである。「風邪が治り健康が回復したことを確認してから、次の段階として丈夫な体力を鍛えるための生活改善の指導をすることになる。」（宇井治郎編『学校はイジメにどう対応するか』一一頁）。

ただ、親は、子どもが学校でどういう状況にあるのか分からないことが多い。だから一言、言ってしまいそうである。そして、親だったら、どうして相談してくれなかったのだと思わずにはいられないだろう。

問10　大河内君には何が足りなかったと思いますか。自分だったらどうしますか？

高校生の回答から

a　盗みをすることへのモラル。
b　責任という言葉の意味を理解していなかった。
c　反抗する態度を見せたらよかった。
d　生きる勇気がなかった。私なら逃げてでも、どんなに無様でも生きる。
e　転校して逃げる。
f　自分なら暴力を受けたりお金をせびられたりしているところを録画や録音をして警察に見せる。

g　人に相談したり、お金を断ることの勇気。

h　誰かに相談すれば良かった。自分をさらけ出す小さな勇気がなかった。

i　人を頼ろうとする気持ちが足りなかった。

j　他人への信頼。

k　物事を判断する力。

a、b、gの問題についてはすでに問9（26頁）のところで触れた。彼らの問題意識は一貫している。c、d、e、fの言っていることをひと言で言えば、身を守ることであろう。身を守ること自体に意識が及ばないのか、その方法に及ばないのか。おそらく二つのことはお互いに関連しているのであろう。反抗する、相談する、逃げる、証拠を集める、警察に言う、というのは身を守る技術である。この技術が身に付いていれば、身を守ろうとしたかもしれない。その意味で、そうした技術から入って意識を持たせるのも有効であろう。

さらに、学生の意見に、相談する気持ちというのがあった。

l　私だったら、まず親に疑われ始めた時点で親に相談して、打開策を一緒に考えてもらうだろうと思う。できれば転校して、彼らから今まで盗られたお金や物を返してもらって、慰謝料まで貰って、彼らに何かしらの罰が与えられるところまで見たいと思う。少なくとも自殺はしたくないなと思う。そもそも、私が大河内君だったらいじめられると分かっていながらわざわざその人たちに会いに行かない。よって引きこもると思う。そうすれば親も学校側も気付いてくれるだろう。

同級生たちはいじめに気付いていたとしても、周りの大人たちは大河内君と彼らが〝つるんでいる〟と思っていたのではないだろうか。だから、彼らと一緒にいたくているわけじゃないということを態度で表現するといいのかなと思う。

m　自分の意見を伝えること＝意思伝達能力が足りなかったのではないか。意思を伝えるのは、加害者だけでなく家族や先生、身近な人誰でもいいから今自分が置かれている状況を伝えることが大切だと思う。自分の思いはその人にしかわからない。とにかく言葉にすること。私自身なら、誰かに状況を伝えます。もし、伝えることが億劫なら逃避します。

n　アイデンティティ、自己への自信のようなもの。そういうものがあれば、親に隠さないと思う。しかし、イジメはそういうものをなくすものだろうから、どうしようもないとも言える。自分だったら、すぐに親に頼る。自分は、いろいろなグループに属すタイプだったので、他のグループに移動する。肉体的暴力には暴力で対抗する。

実に健康的な意見である。しかし、なぜそれができないのか。高校生の意見g、h、i、jは、なぜ相談できないのかに対する彼らの回答である。彼らの意見によれば、相談する勇気がない、人を信頼する力がない、頼ってよいのだという気持ちがないという。しかし「人を信頼する力がない」というのは、その子の責任とはいえないことも多い。ともかく、親に相談できる人とできない人がいるということをまず理解することが必要である。なぜできないのかについては次の質問11で考えよう。

またnのいう、「肉体的暴力には暴力で対抗する」というのも有効な手段である。学生の感想のなかには、いじめにキレて、傘を振り回したら、以後いじめはなくなったというのもあった。キレるというのは、男の子にとって存外有効のようである。ただ、大河内君の場合には、一人で抵抗するには人数も多く、それをさせないだけの暴力を相手は持っていたといえるだろう。

kの「物事を判断する力」はたしかにそうだが、何をどのように判断すればよいのだろう。これについて第二章で検討する**定義G**（90頁）の提唱者は、「もし、清輝君が、「いじめ」の本質とその不当性を訴える言葉と方法を正しく教えられていたならば、彼は決して死ぬことはなかったのではないか」と問題を立てている。詳しくは第二章（70頁）を読んで欲しい。

問11　大河内君はなぜ相談できなかったと思いますか？

どうして相談できないのだろうか。子どもたちはどう思っているのか。大河内君はなぜ親に相談しなかったと思うか、高校生に聞いてみた。

a　もっとひどいことをされるのではないかという恐怖から。

b　いじめられている自分がかっこ悪いと思われるのが嫌だった。

c　彼自身のプライドがその妨げになった。

d　いじめは自分の問題であり親は関係がないので迷惑をかけたくないと思っていたから。

e　家族に知られたくなかった。家族の人が悲しむ。家族が困るから。

f　もし「いじめられている」と言った時の親の反応が怖かったから。

g　相談してことが大きくなるのが怖かったから。

h　親に相談してもあまり変わらないと思ったから。

i　相談すると今までのことが分かり、友人、家族関係が崩れたかもしれなかったから。

j　家族といると楽しくて嫌なことも忘れられた、もし家族に言ってしまったらこの楽しい時間がなくなってしまうのではないかと思ったから。

k　自分は家族の人から盗むという悪いことをしている。いじめられているけれど、悪いこともしている。だから言えないと感じていた。

その他に、大学生からは次のような感想も寄せられた。

l　親に話しても、昔は俺もいじめられたことがある、そうやって強くなったんだみたいな上から目線で返される。結局、「我慢しろ」とか「やられたらやり返せ」と言われるだけ。

m　自分がいじめられているということを認めたくなかったからではないか。

n　親に学校に抗議に来られるのが嫌。

また、相談できる環境かどうかを指摘する意見もあった。

o　相談できる環境に彼は置かれていなかったからだと考える。遺書を読む限りでは親しい友人はおらず、家庭でも相談できるような雰囲気ではなくむしろ彼が非行に走っていたと両親が考えていたように思われ、そのためいじめられていた事実を誰にも言うことができず一人で抱え込んでしまったと思われる。また、事実を言うことによって両親に迷惑がかかる、加害者側から報復を受ける等の不安な面があったために打ち明けるのが困難だったのではとも考えられる。

NHKは「青春リアル」という番組で、「いじめを止めたい」というシリーズを放映した。この第五弾のテーマが、どうして相談できないのかであった。それは、いじめで息子を亡くした両親Pが、十代の若者に「あなたは、いじめられる〝つらさ〟を大人（親や先生など）に話せますか？話せない人は、どうすれば話を聞かせてくれますか？」と問いを立てたことから始まった。

この中で一番多かったのは、やはり「誰かに相談したことがバレるともっとイジメが酷くなるという恐怖」であった。たしかに、いじめ加害者は、「チクるとどうなるか分かっているだろうな」などと、脅しを掛けるのが常であり、こうしたマインド・コントロールに弱い人間がいじめられやすいともいえる。この問題を解決するには、相談することは恥ではないこと、仕返しは完全に防御できることを説得できるかにかかっているであろう。しかし、後者が本当に保障できるか、難しい面もある。そのことを子どもたちはよく知っている。

したがって、必要なのは、まずは、相談したことは誰にも秘密であることの厳守である。最近、大学などで、パワハラ、アカハラ相談窓口などを設けているが、こうした相談窓口は秘密厳守をうたっている。秘密厳守の信用がなければ誰も相談に来ないだろう。

ところが、親のなかには、自分の子どもがいじめられたと聞くとカッとなって学校に抗議に行く親もいる。だから、fやgあるいはnの感想が出るのだろうと思われる。

q（13歳）は、次のように言う。「私は小2、小5、小6、中1、といじめを受けました。私は四回とも親に言いましたが、なぜなんでしょうね？　親に『いじめられている』と言ったことが、私をいじめていた人たちが知っていて〝なんで言ったの〟〝うわぁ、なんなのKY〟など言われました。親に言う前も辛かったけど、知られた後の方が悪化して、辛かった。言ったら言ったで楽になるけど、心のどこかで〝言わないほうがよかったかも……〟と思ってしまいました。やっとの思いで親に言ったのに、少し信用できなくなってしまいました」と。

またhのように、相談しても解決にならないのではないかと思っている子どももいる。親は学校に抗議に行かないならば、lのような説教に走る。どちらにしても相談するだけ無駄か、状況を悪化させるだけというわけである。もちろんこの認識は大学生くらいの物言いだろう。高校生では、親の一部ではあれ、それを消極的に評価することは難しい。eはそうした高校生の心情が出ているように思われる。s（16歳）は、次のように書いている。「その人のことを信じている度合いとゆーか、頼れるどうかってゆーのもあると思うし、一番近くにいる人だから迷惑をかけられないってゆー気持ちからのような気がします。」。だからこそ、そのことは触れないままで、親との関係を維持したいというｉやｊの感想になるのだろう。特にｊは私には思いもつかない意見であったが、なるほどと感心した。

さらに問題がある。それは、自分自身が、いじめられているということを認めたくないというプライドの問題である。ｂやｃの感想がそのことを示唆している。ｔ（15歳）も次のように書いている。「〝チクった〟とか言われてよけいひどくなるのも怖いですけれど、相談する＝いじめを認める＝いじめているやつらに負けるみたいな考えが自分の中にあったんです。負けるくらいなら、我慢した方がマシ…みたいな感じでした。言ったあとは、〝負けてもそんなに苦しく無いじゃん〟って思いましたが…」。

小学校高学年や中学生は自立心が芽生えてくる頃である。できるだけ自分でやりたい、解決したいと思い始める。また、親よりも友人や先輩の方が大事になってくる年頃でもある。そのことは人間にとって大切なことで、いつまでも親頼り、教師頼りでは困る。しかし、そのことがいじめ問題の解決を難しくしている。

また、ｕは次のように語っている。「お母さんのことは信頼しています。だけどやっぱり、心配させたくなっていうのが一番の理由だと思いました。私のお母さんはすごく心配性だし」。解決能力を持たないように見える母親に相談して心配させたり、ことを大きくしたりしたくないという思いもはたらいているように思われる。ここには自立したくて、しかし自立できない微妙な思春期の心情が出ているように思われる。

「なぜ相談しないのか」という問いを立てた父Pは、次のような考えを書いた。

「父です。皆さんからのご意見に、大きく賛同いたします。いじめ問題を大人が考えるとき、いつも出てくる意見が〝いじめを受けた子は、信頼できる身近な大人に相談すること〟などという、危険な意見です。子どもにばかり義務を押し付け、〝助けられないのは、相談しない君たちも悪いんだよ〟とでも言いたげな大人の意見には、納得ができません。……〝信頼できる身近な大人に相談すること〟と言っても果たして、信頼できる人たちが周りにどのくらい居るのでしょうか。……」

以上のやり取りを見てみると、相談しないには、しないなりの理由があるということが分かる。相談できる社会をつくるためには、表の世界、すなわち、教師や親の世界が、裏の世界（いじめが生じている児童・生徒の社会）を理解し、彼らが抱えている問題を受け止め「解決」できる仕組みをつくることである。そして教師たちが真剣にそれに取り組む姿勢を持っていることを生徒たちに納得してもらうことである。このことに安心感がないならば、いじめを受けている子どもは、親や教師に相談できないように思われる。

仮に、問題がこのように立てられるのならば、次のような手順で解決に向かうことはできないだろうか。まずいじめを受けているというのは、恥ずかしいことではないことを子どもたちに伝えることである。それは相手が悪いのであり、また、いじめは卑劣な行為なので、それを一人で解決できなくても恥ずかしくないことを伝えることである。むしろ、何もしないでいじめられたままでいることの方が恥ずかしいし、また、周りがそれを容認していることが恥ずかしいという空気をつくることであろう。友達は、心配して見守っているのだけれど、もし味方したら自分がいじめられるかもしれないから黙っているということ。したがって、教師や親に相談することが問題の解決につながることを伝えることである。解決すれば、また友達ができることを説明することである。

しかし、相談を受けた教師が、無神経に、いじめ者に「もういじめるなよ」と注意し、仲直りをさせて問題が解決したと勘違いすることも多い。これは最悪である。そんなことでいじめは解決しないし、逆に、裏ではいじめがもっとエスカレートする。

では、子どもが安心して相談できる秩序をどうすればつくれるのか、これは憲法の問題でもある。この問題は、第三章（143頁）で検討する。しかし、こうした体制をつくることが難しく、仮にできたとしても、それまで時間がかかるとすれば、子どもを持った親はどうしたらよいのか？

問12　親はどうしたらいいと思いますか？

問11（36頁）でも明らかになったように、親には、思春期の子どもの抱える問題を全面的に解決するような能力はすでに無いことを悟るべきである。このような力をまだ持っているかのように錯覚して行動することは、子どもをますます混乱に陥れることになると思われる。しかし、同時に、まだ自立できていない子どもは、親に期待していることも確かである。親にできることは何なのか。

ａは、次のように書いている。「中学のとき悪口を言われたり、無視されたり…。しだいに部活から足が遠のいた。いつもとは全然違う時間に帰っているのに親は気づかなかった。親は私が中学時代から学校が大好きな子だと思っている。今でも、私は笑顔の仮面が外せない。」

子どもは親に様々なサインを送っている。これに気付いてあげることが重要だ。このことに気付かないと子どもは親に話せない。あるいは、話しても、どうせ分かってくれないだろうと思う。そしてそれは往々にして当たっている。

学生ｂは次のように書いている。「いじめの過程で、子供に変わったことや不審なことがいくつかあると思われる。その変化に気付き、対処することで自殺という最悪の事態は防げるのではないか。」

その通りだと思う。しかし、忙しい親はなかなかそれに気付いてくれない。だから相談できない。では、子どもがいじめを話してくれた時、親はどうしたらよいのであろうか?

学生ｃの感想。「〝仲間はずれ〟を感じたことがあります。悪口を言われたり、陰で笑われたり…。その中で、家庭は大きい存在だと思います。家族にそのことを話すことはなかったですが、自分の居場所を確保することができました。」

学生ｄの感想。「家庭環境は大切だと思いました。私は高１まで非主張的自己表現のタイプでした。でも高１の時、学校では辛かったけど、学校でうまく人間関係ができない自分だけど母親はそれを受け入れてくれて、だんだん自己受容ができ自己理解ができ自己信頼ができるようになり学校生活も楽になりました。なので、いじめの解決には、家庭環境も重要だと思います。」

つまり、子どもは自分をそのまま受け入れてほしいのである。これですぐ、いじめが無くなるわけではないが、いじめに対する抵抗力は回復すると思われる。先に述べたことで言えば、ストレッサーに対する抵抗期を維持でき、疲憊期に陥ることを防ぐことができるのである。そうやって子どもは社会に抵抗し適応する力を徐々に獲得する。

学生eも次のように言う。「私の親は教師ですが、もしいじめられたら学校なんか行かなくていい、守ってあげるからねと言ってくれて、学校には行かなければいけないと思ったけど、そう言ってくれただけで安心したのを覚えています。」いい親だなと思う。

しかし、こどもがいじめを受けていると聞いた親は、自分がストレスに耐えきれない。だから動いてしまう。だから、子どもは親に相談できない。

fは、次のように書く。「私がいじめられていたときはいじめをなくしてもらいたくて話したのではなく〝いじめられて辛い〟と知ってもらいたくて、親に話しました。でも話したあと、親は学校に連絡はしなかったものの、学校から帰るとたくさん質問され、隠れて荷物をみるようになりました。親には、相談しても今まで通りに接してほしいです。」

これが子どもの本音であり、それでいいのだと思われる。もちろん、大河内君のような暴力を受けている段階であれば、このような手順を踏む必要はない。すぐにでも学校にでも警察にでも怒鳴り込むべきだろう。その場合、学校の能力次第では、子どもは不登校になるかもしれない。しかし、それでもしかたがない。自殺されるよりずっとましだから。

また、市議会議員の方からは次のような意見をいただいた。「自分の子どもがいじめられた時、子どもは嫌がったが、いじめは複数で、こちらは一人というのは卑怯なので、お父さんが味方になってやると言って学校に乗り込んで解決した」と。複数のいじめ者を相手に、対等に話ができる親であれば、こうしたことも可能なのかもしれない。

ところで、話はまた元に返るが、親は、子どものサインを見落とさないだけでなく、サインが出しやすい環境を家庭の中につくることも必要である。

gの意見。「私の家だけかもしれませんが、なぜ大人は、その日あったことや自分の悩みを子どもに話さないのでしょうか？　こどもにばかり〝話して〟〝相談して〟では正直、話しづらいです。相手（子ども）側からの発信を待っているだけでなく〝私にはあなたが必要〟というメッセージを送り続けることが必要かと思います。」

親にできることで、最も重要なことは愛情ある家庭をつくること。それができていれば子どもは多少のことは乗り越えられる。しかし、そうでないから問題の根は深いのだが。学生hの感想を掲げておく。

「私は中1の頃、婿養子だった父が母方の家族とは上手くやっていけないと言って出て行きました。私はとてもショックで、もう何でもいいやと思って、髪とか服とか適当にして学校に行ったり、たまに泣いたりしていました。そしたら〝ヘンな奴〟〝きたないい奴〟というので、無視されたり、わざと近くでひどいことを言われたりしました。辛かったけど、私は〝イエ〟にとけ込めなくて、一人出て行った父の姿がよぎって、苦しくてもがまんしました。一人で。誰かに言って憎まれたり、不登校になったりしたら、今以上にはじき出されて、父のように一人になってしまうと思ったから。今思えば、あの時の私は、学校にも家にも居場所がなかったのだと思います。味方は少数の友達だけでした。…私は今でも正直〝いじめ〟や〝仲間はずれ〟がとても怖いです。」

なお、家庭の問題は、いじめられている子どもにとっても重要であるが、いじめる加害者にとっても重要である。尾木直樹は『いじめっ子　その分析と克服法』のなかで、いじめっ子を生みだす家庭について考察している。それによると、次のような傾向があるという。

①**放任家庭**……両親が共働きであるか否かの別なく、家庭で放任されている。ほったらかされている。ひとりで「生きている」といった感じ。子どものことには口出ししないのが大人扱いだと勘違いしている傾向もある。親子の心の交流、向き合い関係がほとんどない。ぬくもりがない家庭。

②**無関心家庭**……子どもに無関心。保護者会や授業参観、運動会などめったに顔を出さない。顔を出しても「忙しいのに！」などと子どもに恩着せがましく当たる。給食費の滞納、プリント類の提出などすべてこどもまかせ。社会的には評価される仕事をしている人にも多い。一見、子どもがしっかりしているため幼少期には見落とされがち。思春期になって、そのつ

けに振り回されている。

③**虐待家庭**……家庭で、体罰やペナルティの多い子。このタイプの子がひどいいじめをするケースが一番多い。父親の体罰と母親のペナルティではさみうちにあっている子もいる。約束を破ったり、テストの点が悪いと夕食抜きのペナルティを受けるケースも珍しくない。

④**学歴信仰家庭**……成績で、小学校中学校位から追い立てられてきた子。私立中学校受験をめざし、失敗した子。

⑤**夫婦不和家庭**……家庭で父親が母親を見下したり、暴力をふるったり、ケンカが絶えなかったり、一方的上下（服従）関係にある家庭の中で育った子。

いじめっ子の根っこには、愛されていないという渇望感も指摘されている。小さな子どもが繰り返し人の嫌がることをする時、それは「こんなことをしても僕のこと好き」と愛情を確かめているのだという。（佐々木正美、九六頁）。しかしこれはできるだけ小さいうちに済ませて欲しいものである。大きくなってこれをやられると、虎にじゃれられているようなものである。その場合は、本人が、他者の助けを借りてでも自覚的にその問題に取り組むしかないであろう。

問13　大河内君は、なぜ「いじめた人を責めないで」と書いたと思いますか？

高校生の回答から

a　差し出してしまった自分が悪いと思ったから。

b　従うことが当たり前になっていたから。

c　いじめた人たちの今後を考え迷惑をかけたくないと思ったから。

d　「誰々のせいです」と書くのは気が引けたから。優しい心。

e　家族に恨むの念を持ったまま生きていって欲しくなかったから。

f　死ぬ前というのはそういうものかもしれない。

g　その人たちを責めることで自分がいじめられていることを認めるのが嫌だった。

h　すべての責任を自分が負おうとしている。

この問題は、問2「この遺書は何のために書かれたと思いますか」(14頁)で扱ったように、遺書自体が、家族への謝罪と、自分への誤解を解いておきたかったのと、感謝のためであり、いじめの告発のためではなかったからというのが正答かもしれない。それでもなお、なぜという疑問は残る。質問への回答はそれぞれに興味深い。

ここではなぜaのいう「自分が悪い」という考え方をするようになったかを問題としたい。「物事を判断する力」を、学校で十分に身に付けさせていないのではないだろうか。さらに、判断を誤らせる教育の問題点を指摘する学生の意見もあった。

i　周りで自分に関係して何か事件が起こると、自分が悪いからこうなった。自分さえ我慢すれば「和」は保てるのだという考えは、日本に昔からあったことのような気がする。きっと、かかえこんでしまったこと、かかえこんでしまわないといけないと思わせた周りが悪いのではないか。

中2だからそう思った。

また学生jは、物事の理非が何であれ、「素直に反省する子」が「良い子」だと学校では教育されているという趣旨の感想を書いていた。教室では、「物事を判断する力」を教えるどころか、常に反省を迫る教育が行われているようである。こうした教育の「優等生」が大河内君だったのかもしれない。この問題については、第三章第二節のなかの「教室の病2――喧嘩両成敗」(158頁)で扱っているので見て欲しい。

問14　どういう人がいじめられると思いますか?

この質問は、大学の授業で、それぞれ識者の見解を紹介してその感想を聞くという形式で行った。取り上げた見解は以下の三つである。

A　深谷和子(『「いじめ世界」の子どもたち』)、いじめられ易い子についての学生意識調査(学生に回想させて、いじめられやすいと思われる子のパターンを調査)

①弱者因子「おとなしい、暗い、無口、弱い、逆らわない、怒らない、意思が弱い」

②目障り因子「理屈っぽい、口のきき方が悪い、威張っている、自分勝手、ヘンな性格」

③劣等因子「出来ない、忘れ物が多い、頭が良くない、不潔、貧乏」

④ハンディキャップ因子「身体的欠陥、顔がヘン、動作がのろい」

B　森田洋司(『日本のいじめ』)が挙げるいじめ被害者の特徴

「いじめの被害者層には、教師の権威や規則によって維持される秩序によりかかる傾向が見られ、権威や集団統制に従順な態度を持っている。」

C　中教審の答申「『新しい時代を拓く心を育てるために』――次世代を育てる心を失う危機」（一九九八年六月三〇日答申）

「いじめ者には「同質へのとらわれ」がある。…こうした人間関係の中で、向上心を持ったまじめな子どもをはじめ、主体性を持って生きようとする子ども、周囲に付和雷同しない子どもなどが「異質」と見なされ、いじめの標的になるという。」

これに対して、学生からは次のような感想・意見が寄せられた。

a　中3の時、私のクラスには無視されている子が2人いた。私とKさんという女の子。私が標的にされたのは、多分、1人でいることを苦にしないように見えたから。Kさんの方は、皆より劣っていたから。

b　弱い者や同調しない者だけでなく、明るいとか可愛いとか魅力を持っている者もいじめられやすいと思う。そのような魅力を持つ者に対する劣等感が募りシカトなどをする者が私の中学生の時に実際に多くいた。

c　嫌だ、やめてとかをはっきり言えない人。そこにつけこまれるのだと思う。

d　周りに悩みを打ち明けることができない人。打ち明けることができないことによって発覚が遅れたり、いじめがエスカレートしたりするのだと思う。

e　人間関係が薄い、友達が少ない↓自分の中にため込む人。

f　気が弱そう、仕返しされなさそうor仕返しが恐くなさそうな人。

g　リーダー的存在の子と対立した子。

h　誰でもいじめられる。空気を読まない人は特にいじめられると思う。いじめられるのに理由はないが、いじめられない人間になることはできるという意見もあった。

i　いじめられる側は「自分は不幸な人間だ」「どうして自分がいじめられるのか」という思いをどこかで何とかして自分の力で断ち切らなくてはならない。そうやって人間は強くなることができる。

j　僕も中学の頃はいじめと言うには軽すぎるがそのようなことを受けていた。その時僕は抵抗もせず、居もしない正義の味方を待っていました。当然、正義の味方は現れず中学校は終わりました。新しい環境になるとき、僕は居もしない正義の味方をたよりにしないで抵抗することにしました。たしかに恐ろしい。今さらどうしようもないと思っていたが、自分を変えることにした。いじめはなくなった。環境が変わったせいもあるが、それで自信がついた。中学校の集まりでも自信を持っていけた。いじめはなかった。抵抗する勇気もあったしそれに対応する術もあった。だが思った。いじめはそれくらいのものだということを。自分に抵抗する勇気、相手に屈しないだけの術があればいじめはないのだ。いじめがだれに問題があるなんて見当違いだ。いじめる側もいじめられる側も常に問題があるのは自分のみ。変わればいいのだ。
私も、いじめられない人間になるには、気力、胆力を鍛えるべきという意見には賛成である。しかし、いじめられたことのある子は、そうした説明では納得できない。特に、男の子と女の子ではいじめの性質が違うようにも思われる。女の子が一番悩んでいるのは仲間はずれだ。

k　私もいじめられる側だったことがあります。小学校の頃です。単に仲間はずれにされたり無視されたり悪口をいわれたり。それでもいじめというのは、子どもを絶望させるには充分すぎる凶器だと思います。私情を挟むと私は「いじめられる側にも問題がある」などという主張を受け入れることができません。

l　感想からの抜粋を読んでいると、いじめられていた小学校の頃の私に非があったのか自問自答してしまいます。状況が違うのに比べても仕方ないとは思うのですが、私が変わればいじめはなくなったのでしょうか？　抵抗できない弱い人間が悪いのですか。勇気がなかったのがいけないのですか。経験を語っているだけだと分かっていても問いかけたくなります。当時の私は自分を不幸と思う余裕すら無く、無視や仲間外れが当たり前の状況でどんどん臆病になっていきました。最初はどうにかやめてもらおうとしていたけれど、途中からは耐えるだけで精一杯で、そのくせ同情されたくなくて家族や少ない友人の前では平気なふりをしていました。どれだけの勇気を持っていれば私は彼らを止められたのでしょう。私には分かりません。自分の態度が正しかったと今信じているわけではなくても、少なくともあの頃は自分の正しさだけを頼りに生きていたのです。そんな時「勇気を出して変わるべきだ」なんて忠告する人がいたら私はいじめをしていた同級生よりその人を憎んだでしょう。けれどもそれだけの強さをどうしても持つことのできない人間もいるんです。弱かった私は、同じ弱さを持った子どもたちのために何かできないか、考えずにはいられません。

いじめ問題は、もちろん自分の問題でもあるが、それでもなお、いじめをする人間が悪いという基本的視点を見失うべきではない。今は、誰でもいじめられる危険性がある時代である。今日いじめていた子が明日はいじめられる危険性がある。それであれば、他者の痛みを知るうえでもそういう経験もしてみるのもいいかもしれない。が、そう気楽に言えないのは、そうした中で、特定の人間にいじめが固定化し長期化することである。これをどう防ぐかが問題で、誰がいじめられ易いという問題ではない。また、そうした問題の立て方は、問題を誤らせるのではないか？という私の意見に対する学生mの感想。

m　私は「いじめられる側にも、それなりの理由がある」という考えにはあまり賛成できないなと思っていました。今回、いじめられる側に、いじめを正当化するような理由はなく、あるとすれば長引くのには理由があるかもしれない、というような話を聞いてすごく納得しました。たしかに我慢のしすぎ、親など周囲の人に言えない、あきらめるなど、いじめられる側が悪いというのではありませんが、長引く要素として考えられると思います。

そうしたことを考えれば、やはり、いじめは不正であり抵抗すべきこと、抵抗できなければ、その他の方法で身を守るべきことを教えておくべきであろう。次の意見nは、先ほどの看護師さんのものである。常に事態への対処について複数の選択肢を意識している点で教えられる。

n　まずは、あなたは守られている存在であると認識へはたらきかける。いじめの本質を説明し、根拠をもって抵抗すべき時を教える。コーピング（対処法）は、①積極的問題解決　②問題から離れる＝逃避　③他者から援助を求める→相談する　④諦め→受け入れる　⑤行動・感情の抑制があるが、大河内くんの場合②③が対処としてできることであり、それを教える。警察などへの対応も早期から考慮する。

ただ、女の子のなかで起きる仲間外れに対処するのは、なかなか難しいと思わざるをえない。友達になりたくない者に、仲間外れするなと言っても無理なものは無理ということもあるからである。この問題は第二章（105頁）で考える。

問15　①いじめたことがありますか？　②なぜいじめるのだと思いますか？　③いじめる人に何を言ってあげたいですか？

なぜいじめるのかについて、種々文献には次のような要因が挙げられている。

①異質者の排除……異質者を排除することで仲間の結束を確認する。

②娯楽としてのいじめ……相手の弱点への目の付け所の巧みさ、発想の面白さ、その機知をアピールし、周りからうけを狙う。

③支配の持つ魅力……劣等感が強い子どもにとって支配的ないじめは優越感が得られるがゆえに魅力的である。

④いじめられないためのいじめ……コートニーは言った。「味方がいなかったら、こっちが悪いんです。友だちを味方につけずに誰かに意地悪をするのは、ばかです。」（レイチェル・シモンズ『女の子どうしってややこしい』）。子どもたちは、常に仕掛けて仲間をつくっていないと、いつの間にかいじめられる側に立つと思っている。また、このことによって人を操る面白さなどを学んでいるともいえる。

⑤報復としてのいじめ……いじめ返しともいわれ、いじめが一層過激化するともいわれる。ただ、対象はいじめられていた相手とは限らない。（内藤朝雄二〇〇一年、八一頁以下の例）。

⑥親が家庭内でまき散らすストレスが子どもに伝染する（吉澤良保「教師の力量を高める」宇井治郎編所収・四四頁）。**あるいは家庭で甘えがみたされていない**。「そういう人は、相手を信ずることも、甘えることもできないので、人間関係が希薄になり、淋しい人になります。攻撃的になったり被害的になったりしやすくて、すぐ人と敵対する人もあります。あるいは逆に、特定の状況では、過度に依存的になることもあります」（明橋大二、八七―九〇頁）といわれる。

もちろん、いじめの要因はこれらに限られないだろう。右では個人的要因に着目したが、場の環境要因を指摘する見解もある。例えば「**共同性が求められる所にはいじめがある**」というのである。尾木は次のようにいう。「学級の集団としての拘束力が強ければ強いほど、（教師が正常な人間関係の構築に成功しない限り)、いじめは発生するという理屈です。ですから、どんなに厳しい競争主義を採用する進学塾であっても、共同性がない場合はいじめはほとんど発生しません」(『子どもの危機をどう見るか』五〇頁、同旨、内藤『いじめの社会学』)。

しかし、そうした研究は、社会学者に任せて、ここでは、いじめたことがある学生に、②なぜいじめたのか、③それについて今どう思っているか、あるいはいじめる人に何を言ってあげたいかを聞いた。

質問②「なぜいじめるのだと思いますか」に対して

＊ 優越感を得るため
＊ ストレス発散
＊ 嫉妬
＊ 暇つぶし、退屈だから
＊ 正々堂々と(一対一で)やりあう勇気がないから
＊ リーダー的存在の子に逆らえないから(自分が標的になるという恐怖心があるから)

質問③「いじめる人に何と言ってあげたいですか」に対して

＊ 自分がされて嫌なことはするな、相手の気持ちを考えろ
＊ いつか自分に返ってくる
＊ そんなことに楽しみを見出すな、そんなことでストレス発散するな

＊家庭環境の悪さとか自分の能力とか周囲からの評価とかいろんなことに不満・劣等感を抱いているのかもしれないが、それを晴らそうとするいじめで得られる心の安定や優越感は一時的なものであってなんの解決・克服にもならない。

次のようなエピソードを書いてくれた学生もいる。

b　僕は小学校の時、ただ「楽しそう」そんな軽い気持ちでいじめの集団に加わっていじめをしていた。いじめをしている時はただただ楽しかった。いじめをいじめとして認識していなかったから悪いことだとも思わなかった。しかしいじめられている子がある日、先生にいじめられているという事を言った。いじめグループはその後先生に呼ばれて説教を受け、そこで初めて悪いことをしたと気づいた。他の子にはいじめた理由がなかった。自分にもなかった。ないのにいじめをした。その後、親と一緒にいじめを受けた子の家に行った。いじめを受けた子の親はずっと泣いていた。そこでいじめをしたことに後悔をした。どうしてあんなことをしたのだろうかと……。そんな経験からいじめをしている子からいじめをやめさせるためにはやはり何らかの抵抗が必要だと思う。いじめを受けている子が抵抗している時の表情はいじめをした子を目覚めさせるための一番の薬だと僕はそう思っている。

c　この講義でいじめられている子がどれほど苦しいのかということが昔よりは分かった気がする。自分がいじめたことも昔あったので、今考えたら、少しむかつくぐらいでその様なことをしたのが情けなく、相手に本当に悪いと思った。先生になったとしたら別の立場に立っていじめをなくせるように努力したいと思う。

小学生くらいだと、事の善悪がつかずにいじめている場合もあることが分かる。小学生には、相手の痛みを教えることが、まず必要であるようにも思われる。中学校以降で、殴る蹴るのいじめをやっていましたと書いてくる学生はさすがにいないが、仲間外れについてはけっこう言い分があるようだ。

d　たしかに仲間はずれにすることは人権を侵害する行為であり、いじめである。しかし、仲間外れにされている人が悪口を言ったり、人のものを盗ったりするような行為を継続的にした結果仲間はずれにされたのであれば自業自得なのではないだろうか。

e　いじめの問題でいじめている方も悪いと思うが、いじめられている方もなぜいじめられているのか、その理由が重要だと思う。

この典型が、第二章第三節（109頁）で扱う学生Xからの挑戦状である。これについての私の見解は第二章「学生Xへの回答」（135頁）を見て欲しい。なお、いじめという手段を用いずに、本人に直接言うべきではないかという意見には次のような反応があった。

f　「言いたいことがあったら本人に言うべき」という考え方があったが、言ったら明らかに相手が傷つくであろうことを本人に直接言う方がよっぽどひどく、だったら本人に聞こえないところで勝手にグチを言って（それが周囲に広がらないことが前提）それで丸く収まるならその方が、言われる側にとってもよいだろうし、また直接言うと下手をするといじめになりかねないと思います。

ｆは、かなり限定をかけてはいるが、愚痴＝悪口が周囲に広がらないことがあるだろうか。むしろ本音は、次のことにあるのではないかが問題である。

ｇ「あちこちのクラス、学校で話を聞くうちに、言葉を使わないいじめのなかで最悪なのは、黙殺だということがわかってきた。…いじめる側に立ってみると、黙殺すれば直接対決しなくてすみ、手間もかからない。メリーマウントの女子生徒がいうように、「怒っている理由をいわなければ、反論されないでしょう。だから勝ちなんです。」（レイチェル・シモンズ、五〇頁）。

ｆの意見に対して学生から次のような反論があった。

ｈ　今日の感想に「言いたいことがあったら本人に言うのではなく陰でグチを言った方が、相手が傷つかなくていい」という意見があったが、僕は陰でグチを言う方がひどいと思う。もし、そのことを本人が知ったら、直接言われるより傷つく。それに言いたいことがあったならば本人に言わなければ本人は気づくことができないし、改善することができない。だからお互いに良い方向へ向かうためには言いたいことは本人に言うべきだ。陰でグチを言うということは、建設的でないし、健康でもないと思う。

ｉ　やはり陰口はいけないことだと思う。…友達ならなおさらだ。私だったら陰口を言っている友達がいたらすぐ友達をやめる。友達とはお互いを高めるものであるべきだろう。

健全な意見だと思う。ただ、本人に直接言うのが望ましいとしても、それはある程度、信頼関係がある仲間と言われるような人間関係の場合だろう。そうでないのにわざわざ嫌われることを言いに行く人はいないだろう。なお、アメリカのアフリカ系のコミュニティには次のような文化があることが紹介されている。

j　彼女たちには広い親族ネットワークがあり、子育て責任を分担する「もうひとりのお母さん」のいる子もいる。クララ・バートン・ハイスクールのある一年生は、自分に意地悪をする子を無視しようとしたところ、従姉妹のターニャがそうさせてくれなかった、といった。「従姉妹が『彼女にいうのよ！』というので、私が『いやよ、そんなことしたくない』とかいうと、『いうの！』って、私のところにきて、『いわないいんなら、あんたのお尻を叩くからね』って」（レイチェル・シモンズ、一九一頁）。

ところで、クラスでこうしたことが起こった場合、教師はどうしたらよいのだろうか。これについては、第三章第二節「もめ事こそ教材」（171頁）で扱った。

なお最後に、③「いじめる人に何を言ってあげたいですか」という質問への平尾潔弁護士の回答を紹介しておきたい。

いじめている人へ

今すぐ、いじめをやめましょう。／　それは、あなた自身を守るためです。／　あなたのきれいな魂が、傷つかないようにするためです。／　あなたが大切です。だから、いじめをやめましょう。

問16　①クラスメートはどうしましたか？　②どうしたらよいと思いますか？　③なぜそれができないのですか？

①については次のような回答があった。

a　クラスの女子数人が担任にいじめがあると訴えたが担任は対応しなかった。

b　クラスメートはいじめを傍観していたのではないだろうか。

②については、

a　いじめの被害にあっている人に声をかける、相談にのる、加害者に注意をする。

b　直接いじめを止めに入る、周りの大人に相談する、被害者の精神的な支えになるというようなことができていればよかったと思う。

c　先生に相談する。

③については、

a　それらの行動が原因で自分がいじめの標的になることを恐れたため。

b　日ごろから何でも言い合える信頼関係や仲間意識が薄かったから。

c　そのいじめを自分のこととしてとらえることができなかったから。

たしかに、加害者に注意する、直接いじめを止めに入るということは、その報復など考えれば簡単なことではないだろう。しかし、いじめを自分のこととして捉えること、自分の危険が及ばない形で被害者の精神的支えになることなどは、日頃の授業で、養うことができるように思われる。これなども意識的に技術を教えることが必要であろう。

なお、いじめられた時のクラスメートの対応に救われながらも、いじめる側にもまわったことがあるという学生の感想を紹介しておこう。

d　いじめられていると周囲の言葉にすごく敏感になる。クスクスと笑い声が聞こえたりすると、自分が笑われているんじゃないかと思う。そうしているうちに、どんどん外へ出るのがイヤになっていった。だけど、親が親身になって話を聞いてくれたこと、信頼できる友達がいたことで、とても心が救われた。でも、周囲に敏感になりすぎたせいで、人のイヤなところがすごく見えるようになった。それに、いじめられるのがこわくて周りの意見には逆らえなかった。その結果、無視したり陰口を言ったりといじめに加担してしまうこともあった。自分の弱さがすごくイヤだ。やはり安心して相談できる教室づくりが子どもたちにとって不可欠であることが理解できる。

問17　①大河内君に対して先生はどうしましたか？　②どうしたらよいと思いますか？　③なぜそれができないのですか？

大河内君の遺書から①を読み取ることができないが、想像することはできる。それを前提に、次のように学生は答えた。

①「大河内君に対して先生はどうしましたか」について

a　特に何もしていない。

b　先生はいじめに気付いていない。

c　先生はいじめに気付いたが何もしなかった。

②「どうしたらよいと思いますか」について

a　学校において、生徒の言いたいことが言える環境をつくるべきだと私は思う。もし彼がいじめられていることを教師に告白していれば、いじめを止め自殺することを防ぐことができたであろう。仮に止められなくとも、教師が知っていれば家庭にその事実が伝えることができるので、家族とともにいじめに関する話し合いをすることをできたのではないかと思う。それだけでも彼にとって大きな支えになったはずである。

b　もっと生徒の様子がいつもと違って変であるなど異変に敏感に気付くべきであったと思う。

c　大河内君の親、問題とされている生徒たちの親とのコミュニケーション、連絡をもっと取り、教職員と保護者での話し合いの場をもっと設ける。

d　席替えなどで大河内君が新たな友人関係をつくれるようにする。保護者にも伝え、彼を支えるように頼む。不登校などを勧める。加害者の行為によっては、警察に依頼する。

③「なぜそれができないのですか」について

a　なぜこれができないのかと考えた場合、現在の日本の教育現場において様々な問題が混在しているからだと思う。…いじめの事実があったことが公になった場合、教師は学校内での立場が危うくなる場合などがある。このような要因によって教師側からいじめ問題に自ら積極的に干渉することが困難になっているのではないか。

b　中学校からは小学校までのように担任が生徒と多くの時間を過ごせるわけではなく時間割によってはホームルームのみという日だってある。その限られたなかでクラス全員のそうした様子の異変などに気付くのもまた難しいと思う。

学生は教師に同情的である。学校の現状がよく分かっているからだろう。教師にも支えが必要である。なお、学校がどうすべきかについて、第四章（178頁）で改めて扱う。

問18　あなたが先生だったら大河内君に何を言いたいですか？

これに対する高校生の回答は、a「親のお金であっても盗むのは罪であるということ」というような回答がやはり多かった。ここでは次の回答を紹介しておきたい。

b　今まで必死に頑張ってきたんだな。でもこれからはバトンタッチして先生が頑張るから大丈夫だよ。

かっこいい台詞である。ぜひこうした教師が増えて欲しいと思う。学生からは次のような意見が出ている。

c　私は中・高と人権同和教育という内容の授業を受けた。他人の人権を守る行動をとれと教えられたが、自分の人権について考えたことはおそらくなかったか、あったとしても覚えていないほどにうっすらとしたものなのだろう。大河内君にも自身の人権の認識が必要だったように、今の子どもたちにもそれを伝えなければならない。

これは本書の意見でもある。この意見は今の人権教育の問題点を明らかにしている。人権とは教科書上の知識か、きれい事なのである。人権とは、我々の身を守る権利であり、我々の社会生活の基本となっているという自覚がない。学校教育は、そこのところをきちんと教えて欲しい。

問19　いじめはどうしたら無くすことができると思いますか？

まずは高校生の回答から

a　いざというとき頼れる友人関係。自分に自信を持つこと。

b　一人ひとりが中身の充実を極めること。ストレスを溜めず生き生きと生活できる社会。

c　「人を思いやる」ことを伝えていく。他人の立場を考える。

d　自分の欠点や弱さもすべて受け入れること。

e　すぐに相談できる環境をつくる。

f　具体的行為を挙げていき、それが犯罪であることを自覚させる。場合によっては警察の介入が必要。いじめる人を処罰すること。

g　先生や家族の人が子どものすべてを受け入れ理解する、よく見てあげること。

h　病気と同じで早期発見できるし、発見し解決しようとすること。

i　いじめている子の家庭環境の改善。

いずれも正しい意見であろう。さすがは優等生という回答が並んでいる。知識としては、すでに十分教えられているのかもしれない。しかしこれを現実化することが難しい。ぜひ、大人になってもこの意見を忘れずに問題関心を持って社会に向かい合って欲しいと思う。

ただ、いじめられないために友達を多く持つという意見もあったが、これは有効な対策であろうか。次のような調査もある。

「これまで、一般的に、いじめの被害者には友人が少ないことが指摘されてきた。また、今回の調査でも同様の傾向があることがわかっている。ところが、この友人の数といじめた子との関係を見ると、クラスのなかの親しい友だちの人数が多くなればなるほど、『よくいっしょに遊んだり話したりする友だち』からいじめられた子の割合が多くなることがわかったのである。」（森田洋司ほか、一九九九年）。いじめられないために友人を持つというのは、ちょっと違うかもしれない。本当の友人関係をつくっていってもらいたいものである。

次には、学生の意見を挙げておこう。

j　いじめを放っておくわけにはいかない。だからといって、自分が責任を感じて背負い込んで、精神的に衰弱するのは困る。やはり、他の教師たちや親たちとの連携が必要だと思う。このネットワークをつくって協力体制を確立することが課題になると思う。

k　「言いたいことがあったら本人に言いなさい。陰で言うのは卑怯だ」という言葉を教えることはいじめの減少につながるのではないか。

l　今回の授業で一番賛成できたのは、人権侵害に抵抗するということだ。

m　いじめはやはり家庭環境が大きく影響していることを知りました。いじめは子ども間の問題とするのではなく、親も自分の問題として自らを省みる必要があると思いました。また、4割の親はいじめに関して正しく認知していないということは大問題だと思うので、普段から子どものちょっとした異変にも敏感に感じ取ってやる必要があると思いました。

n　「いじめ」は教育においても、社会においても、永遠のテーマである気がする。社会でもよくあると思う。教師になれば、クラス内のいじめについては、もちろん考えなければならないが、教職員内のいじめにも着目すべきだろう。私が高校のとき、生徒からも、他の教職員からもいじめを受けていた先生がいた。生徒が、教師を嫌うことはよくある。理由はそれぞれだが、好かれる教師、嫌われる教師は、いつも存在する。しかし、私が目の当たりにしたのは、教員同士でのいじめである。これには大変ショックを受けたし、とても衝撃も受けた。私のこれまでの教師や社会への価値観が変わった。いじめは本当に学校を卒業すれば解放されるわけではなく、社会に出てもいじめは存在している。何とかしなければ、やはりいじめは永遠のテーマのままであると思う。

o　「いじめ」という言葉が軽く捉えられている。直接的な殺人は犯罪なのに、いじめによる自殺=間接的な殺人を軽視している世の中はおかしい。殺人には変わりないのに、「いじめ」という言葉を使うことで、どこか人間の頭には軽んじているところがある。

p　社会の「いじめに対する認識へのはたらきかけ」は大切。いじめが持つ本来の意味を提示して、決していじめは軽いものではなく、深刻で、他人事ではないこと。人間社会だから　いじめは仕方ないのではなく、人間社会が創りあげたものだから解決できないものではないし、解決しないといけないと認識・理解を浸透させることが必要である。

みな立派な意見である。授業をやっていて、いじめ問題は学生の関心がとても高いことを感じてきた。改めてこうして生徒、学生の意見を整理していると、皆さんよくこれだけ書いてくれたなと感心する。大変だったけれど、やってよかったと思う。憲法の授業としては変わっているこの授業に対し、学生は好感を持ってくれたようである。

q　大河内君のいじめに関するテーマのところで、先生と生徒の間の考えの違いが生じ、自分でも自分の中にある思いについて考えたり、自分と向き合えたりするチャンスにもなりよかった。友達と意見交換をしたこともためになった。

r　大河内君のところが一番心に残った。もし自分が大河内君の立場だったとしたら、はたして抵抗することができたのだろうかと何度も考えたが分からなかった。でもこの講義で、いじめられている子がどれほど苦しいのかということが昔よりは分かった気がする。自分がいじめたことも昔あったので、今考えたら、少しむかつくぐらいでその様なことをしたのが情けなく、相手に本当に悪いと思った。先生になったとしたら別の立場に立っていじめをなくせるように努力したいと思う。

S　答えのないことを考えるこの授業は、とても濃いものであったと思います。

授業の当初の頃から、様々な質問をしては一緒に考えてきた。本書で、やっと問題を少しは整理できたのではないかと思っている。議論に参加してくれた生徒・学生諸君に感謝する。なお、問19に対する私の回答は、これから本書全体を通して行うこととする。

第二章　どんな行為がNOなのか、いじめの定義を憲法から考える

はじめに

大河内君の遺書を読んで思うのは、彼が、生命を脅かされ、嫌なことをすることを強制され（＝自由を脅かされ）、財産を奪われても、それに対して抵抗すべきだとは考えていないことである。抵抗すべきかどうかの基準が、不正か否かではなく、我慢できるか否かになっている。

人権とは本来、身を守る権利であったはずである。人権概念の元祖、ジョン・ロックは、生命、身体、自由、財産を、人間であれば守られるべき人間に固有の権利、プロパティと呼んだ。それが人権という考え方の始まりである。それを守らなければ自分の命が危険に曝されるがゆえに、それは命をかけて守るべきものだとロックは考えた。

しかし今や、人権が知識となり、きれいごととなり、日常生活とは無縁のものとなってしまっている。大河内君の遺書からは、我慢をすることは教えるが、身を守ることを教えない現代の教

育の問題点を読み取ることもできる。我々は第二の大河内君を生じさせないためにも、子どもたちに抵抗すべき時を教える義務があるように思われる。

いじめに抵抗できるようになるためには、第一に、いじめられている子どもが、どういう行為が不正であるのかを認識できる、いじめの定義が必要であろう。そうすれば、いじめられている人間は、自分を責める必要はなくなるし、そうした危険に抵抗したり回避したりする方法を考えることができるようになるだろう。そう考えて、私はいじめの定義に取り組んだ。

第一節　定義をすることの意味

なぜ定義が必要か

いじめというと、いじめなど昔からあったではないかという反応が返ってくることも多い。「俺もいじめられて強くなった」とはよく聞く言葉である。他方で今日、いじめを苦にした自殺さえ生じ、いじめは絶対に許されないともいわれる。この場合、前者と後者は、同じいじめという言葉を使いながら、同じ現象を論じているのであろうか。ここでは、人によっていじめに対するイメージが異なっていることに注目したい。そもそもいじめとは何を指す言葉なのか。

総務省が一九九八年の行った調査によると、小学校4年から中学校3年までで、「今いじめられている」が四・一%、「以前いじめられたことがある」が二九%、全体で三三・一%の児童生徒がいじめられた経験があると回答している。これに対し、森田洋司ら(『日本のいじめ』一八頁)

が一九九六年に行った調査によれば、小学校5年から中学校3年までで、いじめられた経験があると答えた児童生徒は一三・九％である。

対象学年も、調査時期もほぼ同じであることを考えれば、この開きは見過ごすことができない。ここには両方の調査の回答者に、「いじめ」イメージについて大きな相違があったことを予測させる。さらにまた、文部科学省は、二〇〇四年のいじめの発生件数（公立の小・中・高等学校および特殊教育諸学校）を、二万一六七一件と発表している。小中の児童生徒総数が約一〇〇〇万人であることを考えれば、この数は先の二つの調査結果とも大きく隔たっている。

したがって、いじめについて議論しようとするならば、各論者が、いかなる「いじめ」概念を前提としているかを確認しなければ、議論は生産的なものとならない。いじめは昔からあったと言う人は、人との軋轢は不可避であり、それを経験、克服することによって人間は成長してきたという考えを述べていると思われる。

深谷和子（二二三―二二六頁）によれば、「喧嘩や意地悪、からかい半分のちょっとした嫌がらせ」は、どの社会でもいつの時代も、子どもの中に、ごく普通に見られる『発達的で健康性の高いもの』で、子どもなりの問題解決の手段ともなりうる積極的な意味を持つとされる。

河合隼雄（二六三頁、二三〇頁）は「心に傷をつけんと、誰が成長するか」という。しかし、彼もいじめを全体として肯定しているわけではない。「『適切ないじめ』があるかどうか知りませんが、ある程度のいじめは、人間がいる限りあったんじゃないかと思います。……毅然とした態度をとることと、いじめの根絶とか、絶対なくそうということとは違うんです。ここからは絶対に許さないというのが毅然とした態度だと思うんですが、それと全部なくそうというのとは違うわけです」と。「ここからは絶対に許さない」いじめと、「適切ないじめ」とが区別されていることに注意したい。

それに対し、「いじめは子どもの成長にとって必要な場合もあるといった考えも認めることはできない」と述べるのは、中教審に設置された「児童生徒の問題行動等に関する調査研究協力者会議」の出した一九九六年の報告書「いじめの問題に関する総合的な取組について」である。この報告書のいう「いじめ」は果たして、河合のいう「適切ないじめ」、あるいは深谷のいう「喧嘩や意地悪、ふざけ」を包含しているのであろうか。

この本では、この二つのいじめ概念は、区別されるべきであると考える。

自殺した中学3年生の遺族が、学校設置者であるいわき市を被告として、いじめによる自殺の学校責任を争った事件で、福島地裁いわき支部は、河合のいう「適切ないじめ」について次のように述べている。「他の生徒との軋轢や時には喧嘩などの衝突をも通じて、たくましく成長し社会生活に適応する能力を身につけていくという一面があること、……換言すれば、学校側の安全保持義務ということが、生徒に対する過保護・過干渉ももたらすものであってはならないのであって、特に中学校においては、……被害を訴えるなどの方法により自己を防衛する力も有してくる時期であるから、かなりの程度生徒たちの自主性・自立性に委ねておくべきものである」(福島地裁いわき支部判決一九九〇〔平二〕年一二月二六日）と。

ちょっと難しいだろうか。つまり、児童・生徒が嫌な思いをしたからといって、すべて親や教師が保護していたら、子どもは強く育たないといっているのである。自主性にまかせた方が、結局は子どもたちのためになると。これを河合隼雄は「適切ないじめ」と呼んだのである。

また「いじめ」による自殺の責任を争った別の事件の判決は、「いたずら」や「嫌がらせ」を「いじめ」と区別している（秋田地判一九九六〔平八〕年一一月二二日）。これらは説得力がある区別であるように思われる。したがって本書では、「いじめ」概念を、学校生活において必然的に生じる「いたずらや嫌がらせ」、「喧嘩や意地悪、ふざけ」とは区別して使いたい。

そして、これからは後者を一括して「いたずらや嫌がらせ」と呼ぶことにする。「適切ないじめ」というより、その方が適切だと思うからである。さて、このようにいじめをめぐる概念が区別されるべきであると考えると、次には、どこからが「いたずらや嫌がらせ」と区別されるべき「いじめ」に当たるのかが問題となる。

概念とは言葉で世界を摑むこと

ところで定義というのは誰がやっても同じように自動的に出てくるというものではない。そこには認識と意欲が含まれる。いじめという概念の定義はそれぞれの立場、問題関心で異なってくる。定義化に成功しているかどうかは、その人の問題解決に役立てば、当面はそれでいい。当面はというのは、後に、全体としての整合性が問われることもあるからである。

しかし、当面であれ、定義化に成功しているかどうかは、どうやって検証すればよいのであろうか。それは、問題の立て方に納得がいくか、その設定した問題に適切に答えているかで判断すればよいだろう。

私が法学部で勉強を始めた時、「人が生まれる」という意味が、民法と刑法では違っていることにビックリしたことがある。民法三条一項は、「私権の享有は、出生に始まる」と規定するが、それはつまり、赤ちゃんの体が母親から全部出て初めて「人」と認められ、財産とかが持てるという意味である。

他方、刑法一九九条は、「人を殺したる者は、死刑又は無期若しくは五年以上の懲役に処する」と定める。この場合の「人」とは、赤ちゃんの体が一部でも母親から出ていれば「人」とみなされる。それぞれ法律の目的が違うので、「人が生まれること」の定義が違ってくるのである。

ヘーゲルというドイツの哲学者は「思考とは概念の労働だ」といい、「思考とは、世界を概念化することによって世界を我がものにし、〈自己〉化する行為である」といっている。ドイツ語で、概念はBegriff（ベグリッフ）というが、これはgreifen（グライフェン）＝つかむ、という動詞を名詞化したものである。つまり、言葉によって世界をつかむこと、それが概念化であるというのである。そしてヘーゲルによれば、定義とは概念の表現である（ヘーゲル『法哲学講義』二一七頁）とされる。

もう一人、ドイツ人を出して申し訳ないけれど、私が研究しているドイツの国法学者にE・フォルストホフという人がいる。彼は、「対象を概念化するということがないならば、その者は、自己をその対象に譲り渡しているのである」と述べている。つまり、いじめという現象に自分を引き渡したくないなら、それを概念化せよといっているのである。

ちょっと抽象的で分かりにくくなったと思う。例を出して考えよう。第一章で検討した、大河内君の遺書（2頁）を思い出して欲しい。

大河内君は優等生だったという。たしかに中学2年生としては、自分が受けたいじめの実態、そしてその時々の心情がよく書けている。だからこそ、大河内君がどのような思考に絡め取られているか、なぜ、いじめに抵抗できなくなっているかを読み取ることもできる。

しかし、どうして「いじめた人たちを責めないで下さい」となるのであろうか。自分が悪いのか、相手が悪いのか分からなくなっているのではないか。この遺書は、いじめという事象の事実と心情の叙述にはなっているけれど、いじめの概念化に成功しているわけではない。先のフォルストホフの言葉を使うなら、「自己をその対象に譲り渡している」。このように授業で言うと、学生から、「概念ってなんですか、なぜ概念の定義が必要なのですか？『いじめ』という単語が持つ意味の範囲で考えれば十分だと思うのですが……。」という質問が飛んできた。

素直な質問だと思う。しかし、概念の定義ができなければ、「これがいじめよ、こんなことがあっていいの。悲しいね、おかしいね」で終わってしまうだろう。それに対して、いじめを定義化できていれば大河内君には少なくとも次のことができただろう。すなわち、①不正なこととそうでないことが区別できる、②不正なことと分かれば、相手が悪いと認識でき、自分を責めなくてよい、③いじめと戦うなり、逃げるなり何らかの行動を起こせる。

また、いじめを止めさせようと思っても、いじめの概念化が必要である。止めさせようとする行為がいじめかどうかの判断が必要だからである。そして概念化の出来不出来が、いじめをどこまで止めさせることができるかを左右する。

別の学生の感想に、「学校でシカトされた時は、先生や両親には何も言いませんでしたが、靴箱に悪口を書かれた手紙を何通も入れられた時には、先生に言いました。」というのがあった。この学生の考えでは、シカトはいじめではないが、悪口を書いた手紙を何度も靴箱に入れることは、いじめということになる。もっともシカトについては、言っても仕方がないと考えたのかもしれないが……。これはこの学生なりのいじめの概念化である。そしてこの発言を受けて、皆さんも、色々と意見を持つだろう。この「思考の労働」の積み重ねによって、いじめの概念化が行われるのである。

これから検討する諸定義は、それぞれの立場からのいじめの概念化である。様々な論者は、「いたずらや嫌がらせ」と「いじめ」をどのように区別するのであろうか。それにはどういう意欲が込められ、どのような効果を持つことになるのであろうか。

第二節　様々な定義

定義A　いじめだと感じればいじめなのだ

「いじめは子どもの成長にとって必要な場合もあるといった考えも認めることはできない」と述べたのは、中教審に設置された「児童生徒の問題行動等に関する調査研究協力者会議」一九九六年の報告書「いじめの問題に関する総合的な取組について」（以後、九六年報告書で引用）であった。この報告書は、「いじめかどうかの判断は、あくまでもいじめられている子どもの認識の問題である」と述べている。

また、先に引用した一九九八年に総務省が行った調査によると三人に一人がいじめを受けたと回答している。ざっと計算すると三〇〇万人以上になる。ここでは、いままでいじめを受けたことがあるかという問いを投げかけている。つまり、「自分がいじめだと感じればいじめなのだ」という定義が用いられているといえる。

この定義が、抵抗すべき時を教えうる可能性を持っていることは評価できる。その意味でいじめ被害者にとっては、意味のある定義であるのは間違いない。いじめられていると思う人は、いじめを止めてくれと叫べばよい。しかし、第三者にとって、あるいは加害者とされた人間にとって、当人がそう言っているのだから「いじめ」に違いないと言われても簡単に納得はできないであろう。その意味では主観的な定義、つまり、その人にしか通用しない定義に留まっている。にもかかわらず、九六年報告書のように、そうした「いじめ」は絶対に認めることはできないといってしまって本当に対応可能なのだろうか。

また、この定義によれば、次のような問題も生じる。つまり、本人がいじめだと言えばいじめならば、いじめだと言わなければいじめではないことになる。二〇一一年一〇月に起きた大津いじめ自殺事件では、九月くらいから暴行の頻度が高くなり、被害少年Aは周りに苦痛を訴えたり、死にたいと漏らしたりしていた。そして、同級生や同僚の教師も担任に、あれはいじめではないかと訴えていたという。しかし、担任が「大丈夫か」と尋ねるとAは「大丈夫」と答えていた。したがって、この担任はこの段階ではいじめだと認識していない。一〇月五日に激しい殴り合いがあったとき、担任の事情聴取に、Aは、「今日やられたことについては嫌だった」と述べた。ここで担任は初めていじめと認めたようである。しかし、Aはその五日後にはいじめを苦にして自殺しているのである。そのような認識でよいのだろうか。

学生の感想に、「いじめは線が引きにくい。それがいじめかどうかは、いじめられている人にしか分かりません。」、あるいは「法律的に見ていじめでなくても、本人が辛い思いをしていればいじめだと思うし、いじめを定義することは、本当にできるものなのか疑問に思う。」というのがあった。そうかもしれないが、第三者がそれを本当にやめさせようとするのならば、できるだけ客観的な言葉にする必要があるだろう。

定義B　いじめとは、「心の在りよう」に問題のある者による「まじめさ」や「異質さ」に対する攻撃である

中教審の答申「『新しい時代を拓く心を育てるために』——次世代を育てる心を失う危機」（一九九八年六月三〇日、以下九八年答申で引用）は、いじめについて次のようにいう。

「いじめは、力の弱い者を攻撃の的にすることが多いが、ここでは、特に『まじめさ』や『異質さ』に対するいじめという問題を提起したい。いじめの問題は、いじめる子どもの側に第一義的な責任があり、その心の在りようがまず問われなければならない。ある調査によれば、子ども全体に比して、いじめた体験のある子どもは、正義感やルールを大切にする心、思いやりの心が希薄であることがうかがえる。……一所懸命授業を聞こうとする子ども、まじめに努力する子ども、向上心を持って生きようとする子どもなど、高いモラルを持つ子どもたちがいじめを受け、不当に虐げられるようなことを許すことはできない。『まじめさ』に対するいじめが横行する背景には、異質なものを排除しようとする『同質へのとらわれ』がある。……こうした人間関係の中では、向上心を持ったまじめな子どもをはじめ、主体性を持って生きようとする子ども、周囲に付和雷同しない子どもなどが『異質』と見なされ、いじめの標的になってしまう。学校は、このような不当な行為であるいじめを許さないよう全校一丸となって校内での指導に当たることを強く望みたい」と。

キーワードは、「まじめさや異質さへの攻撃」「いじめる子どもの心の在りよう」である。ここ

では、いじめが端的に定義されているわけではないが、「心の在りよう」に問題のある子どもが、まじめな子を攻撃することを、いじめの中心的特徴として描いている。だからこそ「いじめ」は、不正であるというわけである。そして、その概念の外縁に「弱者への攻撃」という概念を配置しつつ、それゆえいじめ一般が許されないとする論理構造を見ることができる。

これは教師たちの心情心理を表しているもののように思われる。学校の授業をまじめに聞かない子どもが、授業を一生懸命聞こうとする子どもの邪魔をするからこそ、いじめは許されないというわけである。そして、「心の在りように問題のある子」に注意し、可能であれば正し、「まじめな子」、「異質な子」、「弱い子」を保護しなければならないと。

しかし、児童・生徒からすれば、この考え方では、その行為がいじめかどうか、それがなぜ不正かを理解できない。いじめを受ける側からすれば、「いじめ」を行うこと自体「心の在りよう」に問題があるのである。

また、自分が、「まじめな子」「異質な子」「力の弱い子」と見られているかどうかは本人には分からない。特に自分が「異質な子」「力の弱い子」に分類されているなどと考えたい子はいないだろう。他方、いじめを訴えた子どもが、君はこの分類に入らないだろうと言われたら、納得していじめを堪え忍ばなければならないのであろうか。

その意味で、この定義は、児童・生徒に、いじめを認識させるための定義とはいえない。これは教師に向けたメッセージであり、いじめは、授業を否定する行為であること、授業の持つ秩序・価値観を破壊する行為であることを教師に説明し、だからこそ、いじめ防止に取り組もうと呼びかけるための定義であるように思われる。

定義C　いじめとは、低次元の感情によって行われる行為である

教育学者深谷和子（『いじめ世界」の子どもたち』）は、①「喧嘩や意地悪」から②「いじめ」と③「いじめ非行」を区別し三分類を提唱する。そして「いじめ」は、「菌ごっこ、無視や仲間はずれ、悪質な悪口、嫌がらせ、落書き、物を隠す」などの行動を伴い、一つは弱い者を対象にした「ゲームの心理」から、またもう一つは「競争者に対する嫉妬心」から行われるとする。そこに見られるのは、「相手を差別し侮辱する感情や、妬み嫉妬など」人として自己抑制すべき低次元の感情であるという。そして「いじめ非行」は、非行性のある集団において行われる「暴力やカツアゲ、使いパシリ、物を壊す、嫌がることを強制する」などの行為であるとし、①から②、②から③へ移行することもしばしばであるとする。

ここで、①と②③を区別するものをあえて読み取れば、「健康的」か「低次元の感情」か、「問題解決の手段」か「利己的な行為」か、「単発的」か「長期的」かが区別の基準となっているように思われる。②と③の区別は、上述の行為のほか、「非行集団あるいは非行集団となる可能性のあるもの」が行っているか否かによっても区別されている。

この定義の特徴は、同じ行為でもいじめる人間の心情、すなわち「心の在りよう」によって

「いじめ」か否かを分類していることである。これは定義B（80頁）と似ているが、違いは、被害者の問題がそれほど重視されていないことであろう。

あくまでいじめ加害者の「心の在りよう」に注意が向けられる。これは、教師目線からの定義だからであろう。①段階であれば、介入せず見守る段階であり、②段階であれば、止めさせる頃であり、③段階であれば、教師一人では手に負えず、校長や、場合によっては警察の手も借りるべき段階ということであろう。

その意味で、この定義は教師に一定の指針を与えてくれる、教師のための定義といえる。しかし子どもたちからすれば、「心の在りよう」が①②③段階かはどうでもよい問題だと思われる。彼らにとって、そうした行為がやってはいけない行為なのか、止めさせてもらう権利があるのかどうかが重要なのではないだろうか。

定義B、**C**は教育学者による定義であった。教育という観点から見て、「心の在りよう」の判断に意味があることは理解できる。そしてそれは、その子に教育上、生育上に問題があり、そうしたことに気を付けて教育に当たらなければならないということを意味する。しかし、いじめという行為が不正でないならば、被害者から止めてくれとか、相手を罰してもらう権利はないであろう。逆に、「心の在りよう」に問題がない場合でも、いじめが不正な行為ならば、止めさせなければならない。

結局、いじめを行う子どもには「心の在りよう」に問題が多い子どもが多いというにすぎないのであって、「心の在りよう」だけをみても、いじめがなぜ不正なのかという問題は答えられない。「いじめという行為」が不正かという問題と、「心の在りよう」の問題は区別して議論されるべき問題である。

定義D　いじめとは、ここに列挙された具体的行為である

いじめに関する全国的なレベルでの本格的な実態調査に取り組んだ森田洋司のチームは、いじめ行為を次のように具体化して調査している。「＊いやな悪口を言ったり、からかったりする　＊無視をしたり仲間はずれにする　＊たたいたり、けったり、おどしたりする　＊その人がみんなからきらわれるようなうわさをしたり、紙などにひどいことを書いてわたしたり、その人の持ち物にひどいことをかいたりする　＊その他これらに似たことをする、などのことです。いじの悪いやりかたで、何度も繰り返しからかうのも、いじめです。しかし、からかわれた人もいっしょに心のそこから楽しむようなからかいは、いじめではありません。また、同じくらいの力の子どもどうしが、口げんかをしたり、とっくみあいのけんかをしたりするのは、いじめではありません」（『日本のいじめ』一三頁以下）。

これは具体的な行為が列挙されていて、いじめかどうかを判断するのに分かりやすい。子どもたちにとって役に立つ定義だといえる。こうして、いじめ行為を具体化して調査することにより、総務省一九九八年調査の三三・一％という結果に対し、一三・九パーセントとの数字を対置することとなった。そして、こちらの調査の方に説得力があるように思われる。

しかし、それらの行為がどうして不正なのか、取り締まるべきものなのかについて説明はない。子どもたちは、いじめに抵抗したければ、リストに挙げられている行為をすべて覚えるしかない。

他方、森田自身は同じ本のなかで、いじめを「同一集団内の相互作用過程において優位にたつ一方が、意識的に、あるいは集合的に、他方に対して精神的・身体的苦痛を与えること」（二九頁）と定義している。この定義からすれば、先の具体的行為のなかには、いじめに入らないものが含まれると思われるが、そのことを森田自身がどう考えているかは不明である。

定義Dは、いじめを現象面から説明しようとしたもので具体的で有意義だといえる。しかし、それがなぜ不正なのか否かについて説明がない。つまり、子どもが「それはいじめだ」と訴えたとしても、「それがどうした」と反論されたら、それで終わってしまうことになりそうである。

定義E　いじめとは、弱者に身体的・心理的な攻撃を継続的に加え深刻な苦痛を生じさせるものである

文部科学省の定義は二〇〇七年に変更されるが、それまでの定義とは、①自分より弱いものに対して一方的に、②身体的・心理的な攻撃を継続的に加え、③相手が深刻な苦痛を感じているもの、（④⑤略）であった。つまり**定義E**である。

この定義によると、二〇〇四年のいじめの発生件数が二万一六七一件と数えられることになるのは先に見た。なぜこの数になるのか。定義D（84頁）では、数に換算すれば、おおよそ一四〇万件になるのに較べて、この数値は児童・生徒たちの実感からは遠いように思われる。それがこの定義ゆえなのか、調査に問題があるのかは議論のあるところかもしれない。

しかし①の用件は、明らかに、いじめ件数を減らすのに貢献している。いじめ被害者は、自分は弱いとは考えていないし、そう思いたくないからである。また、今やいじめは誰でも、いつ何時、被害者になるか分からない。いじめられる側になるまでは、少なくとも弱者ではなかったはずである。いじめられたから弱者の立場に追い込まれたのである。

学生の感想に次のような指摘があった。「文科省の『いじめ』の定義で一番気に入らないのは、①の『自分より弱いものに対して』という表現でした。実際問題いじめる側といじめられる側に力関係があったとしても、いじめる側が強くていじめられる側が弱いのだと定義されること自体が気にくわないのです。いじめられる側が『弱い存在なのだ』という一般認識があるからこそ、いじめられる子どもは『弱い』自分を恥じ、親にさえ相談できなくなるのだと思います。」と。

大事な指摘だと思う。また③の要件を課せば、数が激減するのは当然である。いじめ被害者の立場からすれば、③の要件は不要である。なぜなら、「これはいじめだ」と怒るべき時が、「深刻な苦痛を感じている時」となれば、その時はすでに疲憊《ひはい》期（32頁）に入っており、多くは自殺に追い込まれることになるからである。いじめ被害者が深刻な苦痛を感じる前に止めさせなければ、子どもを救うことにはならない。

もう一度、大河内君の遺書から考えてみよう。彼はこう書いていた。「僕は、他にいじめられている人よりも不幸だと思います。まず人数が4人でした。だから、1万円も4万円になってしまうのです。しかもその中の3人は、すぐ、なぐったりしてきます。あと、とられるお金のたんいが1ケタ多いと思います。これが僕にとって、とてもつらいものでした。これがなければいまでも幸せで生きていけたのにと思います。」

つまり、取られるお金が数千円台だったら、深刻な苦痛は生じなかったといっているのである。では、これはいじめではないのか。放っておいてよいことなのであろうか。

こうしたことを考慮すれば、**定義D**（84頁）に比べて、この定義によるいじめ被害者が激減するのはよく分かる。では一体、この定義は何のための定義なのであろうか。

私から見れば、これは調査のための定義としか思えない。事件が終わって、被害者が確定して初めて、では一体被害者は何人いたのでしょう、調査しましょう、という時のための定義なのである。そこに、いじめと戦おうという姿勢を見ることはできない。さらに勘ぐれば、いじめの責任を問われる可能性のある学校に、それはいじめではなかったと責任逃れの道を提供しようとしているようにさえ思われる。

しかし、さすがにそれは勘ぐりすぎで、この定義は、いじめは深刻で、不正なのだということを訴えたかったのかもしれない。しかし、そうだとしても、では、深刻でなければ「いじめ」ではないのか、それまで放置しておいてよいのか、弱い者いじめでなければ不正ではないのかという問題をはらんでしまうように思われる。その意味でこの定義は、いじめの深刻さ、不正さを訴えれば訴えるほど、役立たなくなるというジレンマを抱えた定義と呼べるように思われる。

定義F　いじめとは、実効的に遂行された嗜虐的関与である

苛烈ないじめの事例を調査し検討する社会学者・内藤朝雄（二〇〇一年・二七頁以下、二〇〇九年・四九頁以下）は、いじめを、最広義には「実効的に遂行された嗜虐《しぎゃく》的関与」、最狭義には「社会状況に構造的に埋め込まれたしかたで、かつ集合の力を当事者が体験するようなしかたで、実効的に遂行された嗜虐的関与」と定義する。そして、いじめの場では、「思いどおりにならないはずのものを思いどおりにする」形態を用いた全能具現、およびそれを埋め込んだローカルな秩序が自生してしまうという。

ちょっと難しい。一体何を言っているんだ、と思うかもしれない。説明しておこう。まず、嗜虐的という言葉であるが、辞書によれば、サディスティック、つまり残虐なことを好むさま、とされている。次に、「全能具現」であるが、内藤は、おもちゃ売り場で「あれ買って」と寝転がって叫んでいる子どもを例に説明している。つまり、何でも思い通りにしたいという、赤ちゃんのような欲求で、通常は理性によって抑制されるべきものである。普通、学校や社会に出れば、いろんな人がいて、そんなことが実現するわけがないことを学ぶ。しかし、一定の閉じた空間で、集団の容認のもと、ある犠牲者を思いのままにおもちゃにしうる、そうした環境がつくり出されることがある。こうした環境のもと、歯止めがなくなり、残虐な欲望のまま無茶苦茶にしたいという衝動が実現したのが、いじめであるというわけである。

つまり、この定義は、社会学者らしく、いじめはどういった空間・環境のもとで生じ易いのかを、その動機とともに明らかにしようとする定義であるといえる。そして、この定義は、学校という空間はまさに、いじめが生じる絶好の環境であることを教える。

ただ、これはなぜいじめが苛烈化するのかという、苛烈化をもたらす環境とそこで芽生える動機の説明であろう。いじめ一般をすべて、全能具現で説明できるとは思えない。

とはいえ、これは、学校という空間を構想する人間にとっては役に立つ定義かもしれない。しかし、子どもたちに直接に役立つとは思えない。役立つとすれば、いじめにあっている子に、学校とはそういうところだから行かなくてもよいとアドバイスする時ぐらいだろう。

しかし、いじめ問題を、すべて、人間の本能と制度のせいにするとすれば、それは人間性を軽視することになると思われる。我々は、一定の人間関係の軋轢のなかで、正しいこと、正しくないことを身に付け、自律した個人として成長していくことが求められているからである。いじめを抑制できる、あるいはいじめを受け止め、対抗できる人間を育てることが、そうした自律した個人を育てることにつながると思われる。

軋轢が生じやすい環境をすべて除去して温室をつくっても、人間としての成長を期待できるとは思えないし、子どもたちもそれを望んでいるとは思えない。もちろん、学校を管理・運営する者は、学校がそういう所であることを十分に自覚して、いじめが起きやすい環境をできるだけ無くしていくべきであることは言うまでもない。

定義G　いじめは人権侵害なり

大河内君の遺書に取り組み、いじめの概念化を行ったのは政治学者・小畑隆資である。小畑によれば、大河内君は、いじめの具体像を提示しえたけれども、「いじめ」の本質は何か、なぜ不当なのかを明確な言葉にすることができなかったがゆえに自殺せざるをえなかったとされる。

そこで小畑は、大河内君の遺書から、その侵害の対象を四つに分類する。①生命（川でおぼれさせられそうになった）、②肉体（なぐられたりけられたりした、はずかしいことをやらされた、強制的に髪を染められた）、③自由（使い走りさせられた、授業中手をあげるなと強制された、テスト期間中遊べと強制された、朝早く家をでるよう強制された、塾についてこいと強制された）、④財産（お金をとられた、ネックレスをとられた、お茶をもってこいと強制された）である（小畑「『いじめ』の政治学（1）」一二頁）。

この、侵害対象となった「生命」、「肉体」、「自由」、「財産」はジョン・ロックがプロパティと呼んだものにほかならない。そして、それは後に人権と呼ばれるようになったものである。つまり、大河内君は、「生命」・「肉体」・「自由」・「財産」の侵害を受けていたのである。したがって「いじめ」とは「人権侵害」なりと小畑は結論づける。それゆえにいじめは「不正」であるとされ、いじめは、いじめる側にこそ問題があるということになる。ここでは、「いじめがなぜ不当なのか」という問題が提起され、それは「人権を侵害するから」と答えられていることが注目される。

理論検討Ⅰ　人権侵害はなぜ不正なのか

ところで、人権侵害であれば、なぜ不正とされ、それを侵害する者には罰が与えられるべきなのであろうか。

人権概念の創始者ジョン・ロックは、人間が人間であるための属性＝プロパティを考えた。人間は誰でも、自らの適当と信ずるところにしたがって、自分の行動を規律し、その財産と一身（person）とを処置することができる。そして、各人が「自分のもの」としての「生命」・「肉体」・「財産」を自己の判断で適切に処理できる「自由」は、すべての人間に「平等」に与えられている。これがプロパティであり、人は誰でもプロパティを持っており、そして彼以外の誰もそれに対して権利を持たない。

すなわち、ロックの考えによれば、神様は人間に平等に、「生命」「肉体」「自由」「財産」を与えたのである。したがって、人は他人のものを奪う必要はなく、ゆえに奪うことは許されない。私は「あなたのもの」を勝手に処置する「権力」も「権限」もない。あなたもまた「私のもの」を勝手に処置する「権力」も「権限」も持ってはいない。「自分のものとしての権利」の擁護は、「他人のものとしての権利」を侵害してはならない「義務」と裏腹の関係にある。「自分のもの」

が大切であるから「他人のもの」も大切にしなければならないということになる。

自分の生命を侵害されたくなければ、人の生命を侵害するな。自分の自由を侵害されたくなければ、人の自由は侵害するなというわけである。

「人権侵害」はこの人間の自由の平等、ひいては人間の平等を侵害する。人が他人の「生命」を狙ったり奪おうとしたりした場合、両者の関係は「戦争状態」となり、生命を狙われた者はその相手を「破壊してもいい」。なぜなら、彼の自由は、他のすべての人間の自由と平等であるはずにもかかわらず、他人の生命を奪おうとするのは、自らその平等を捨てたもの、すなわち人間の尊厳を自ら捨てた者＝「猛獣」＝「危険有害な動物」として自分を万民に宣言したことにほかならないからである。また、「基本的自然法によると、ひとはできうる限り生存を維持されなければならないが、もしすべての者の存続は不可能であるとするならば、罪なきものの安全が何よりも望ましい」からである。

さらに、ロックによれば、直接生命を奪おうとしない場合でも、「自由」の侵害は「生命」への侵害と同等と考えてよいとされる。「私の同意なしに私を権力下に置こうと欲するものは、もし私を手に入れるならば、その欲するままに私を殺すであろう」からであり、したがって「このような力から自由であることが、私の生存を維持するための唯一の保障である」からである。

それゆえロックは、もし泥棒が、単に財産を奪おうとするにすぎない場合でも、「暴力を用いて彼を自己の掌中のものとし」その「権力下におこうとする」場合には、その泥棒を殺しても合

図１

自然状態

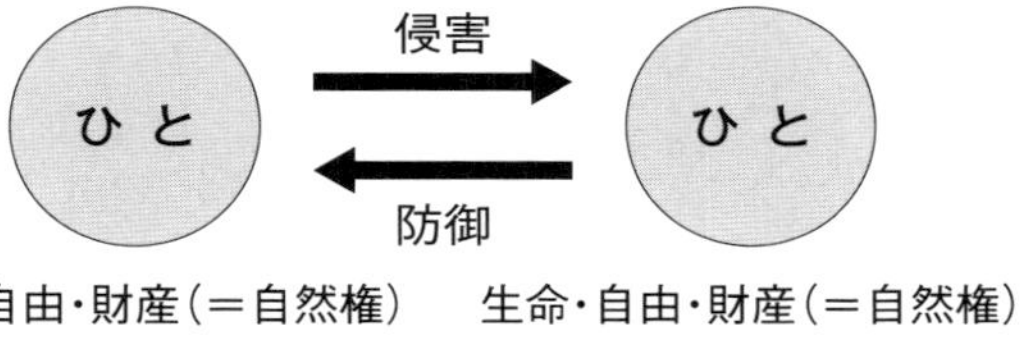

法的であるとさえいう。他方、「私の全財産を盗んだことの故に私は泥棒に危害を加えることはできず、ただ法に訴えうるだけ」であるとする。（以上ジョン・ロック、一二一三二頁）。このようにしてロックにおいては、人権の価値序列が、「生命」、「自由」、「財産」の順とされたことが理解される。

ロックが述べたプロパティは、自然権ないし人権と呼ばれるようになった。自然権とは、政府が無い状態でも保障されるべきと考えられた権利である。つまり、政府が無い状態を想像する。これを自然状態という。この自然状態においても各人には、プロパティ（＝生命、肉体、自由、財産）があり、これを侵害する者に対しては武力をもってでも立ち向かうに違いない。これを自然権という。そしてお互いにこの自然権を保障しあおうという約束があって初めて社会が成り立つ。この約束が社会契約であり、すぐ後で述べる政府との契約と区別して、原契約とも呼ばれる。

このことをアメリカ独立宣言（一七七六年）は次のように宣言した。「すべての人間は平等につくられ、造物主によって一定のゆずりわたすことのできない権利をあたえられていること、これらの権利のうちには生命・自由、および幸福の追求が含まれている」と（『人権宣言集』一一三頁）。造物主とは神様のことである。なお、ロックに学びながら、「財産」を「幸福追求の権利」と書き換えたのは、トマス・ジェファーソンである。そこには当然に「財産権」が含まれると考えられていた。

そして、「これらの権利を保障するために、人間の間に政府が組織される」。この政府と、政府を組織した社会との間に、契約が取り交わされる。これが社会契約＝憲法である。こうして、「人権」を侵害する行為は「犯罪」とされ、自ら「猛獣」であることを宣言したものを「犯罪者」として処罰する近代国家がつくられたのである。この考え方は、日本国憲法にも受け継がれている。日本国憲法一三条は、「生命、自由及び幸福追求に対する国民の権利については、……立法その他の国政の上で、最大の尊重を必要とする。」と述べている。

大河内君が受けたいじめは、まさに、日本国憲法が国民に保障する、この「生命」・「肉体」・「自由」・「財産」への侵害である。この侵害を許さない国家・社会をつくりますというのが日本国憲法の立場である。大河内君が受けたいじめは、日本国憲法が国民に保障した権利を侵害する行為なのである。したがって、日本の政府は人権を守らなくてはならないし、人権侵害が生じた場合、侵害した者を罰し、正義を回復しなければならない（これを難しい言葉で言えば、矯正的正義という）。

いじめとは「生命・肉体・自由・財産への侵害」、すなわち人権侵害なりという**定義G**（90頁）

は、この意味で、いじめは不正義であり、罰に値するといっているのである。これは、当事者の目線に立ち、具体的行為を挙げ、それがなぜ不正なのかを憲法に基づいて明らかにしたという意味で、いじめに抵抗できる論理を与える、子どもたちにとって意義ある定義であると思われる。

しかし、「**生命や財産を脅かすような行為＝いじめという定義には違和感を覚えた**」という学生の感想もあった。「なぜ違和感を覚えた」のか書いていないが、たしかに**定義C**（82頁）からみれば、これは「いじめ非行」の問題ということになるのかもしれない。とすれば、**定義C**のいう「いじめ」＝「菌ごっこ、無視や仲間はずれ、悪質な悪口、嫌がらせ、落書き、物を隠す」の本質をどう説明するのか、それともこれは取るに足らない問題なのか。さらには、なぜ単なる人権侵害であっても「深刻な苦痛」を感じさせるのか、等々、まだ解明すべき問題が残っているように思われる。

定義H　いじめは犯罪である

いじめがなぜ不正なのかを、それが違法な犯罪行為にあたるからと答えるのが、梅野正信（教育学者）・采女博文（民法学者）である。「いじめ事件との関係では、たとえば生命・身体に対する罪として、暴行罪（刑法二〇八条）をベースに傷害罪（二〇四条）、傷害致死罪（二〇五条）がある。また脅迫罪（二二二条）をベースに強要罪（二二三条）や恐喝罪（二四九条）があり、名誉に対する罪として、侮辱罪（二三一条）や名誉毀損罪（二三〇条）など、いくつかの型が見つかる。また犯罪のそそのかし（教唆）は実行者と同じ罪であること（六一条）や手助け（幇助）も処罰される（六二条以下）ことなどにも触れることができる。さらに『暴力行為等処罰に関する法律』をみることによって集団的暴行や常習的脅迫などはより厳しい非難をうけることをわかってもらえよう」（二〇〇一年、一八頁）と。

ゴチャゴチャしてややこしいかもしれないが、彼らが罪名をこまごまと述べるのも、いじめの具体的態様が犯罪の個々の構成要件に該当すると述べることによって、いじめの不当性を明らかにしようとするものとして理解できる。すなわち、いじめは犯罪の構成要件に該当するから不正であるというわけである。ところで「犯罪である」というのと「人権侵害である」というのとは、どのような関係にあるのだろうか。

理論検討Ⅱ　憲法と刑法の関係

先の理論検討Ⅰ（91頁）でも見たように、人権を保障するために政府が組織される。ところで、政府というと、皆さんは内閣を思い浮かべるかもしれないが、ここでは国家機関全体、すなわち、国会、内閣およびそのもとにある行政機関（警察も含む）、裁判所、つまり三権全体を指して使うので注意して欲しい。

では、政府は人権をどうやって守るのか。市民Aが市民Bの人権を侵害したとする。その場合、市民Bは政府に保護を求めることができる。これに対し、政府には、市民Aを捕まえ罰するとい

図2　**人権と法律上の権利**

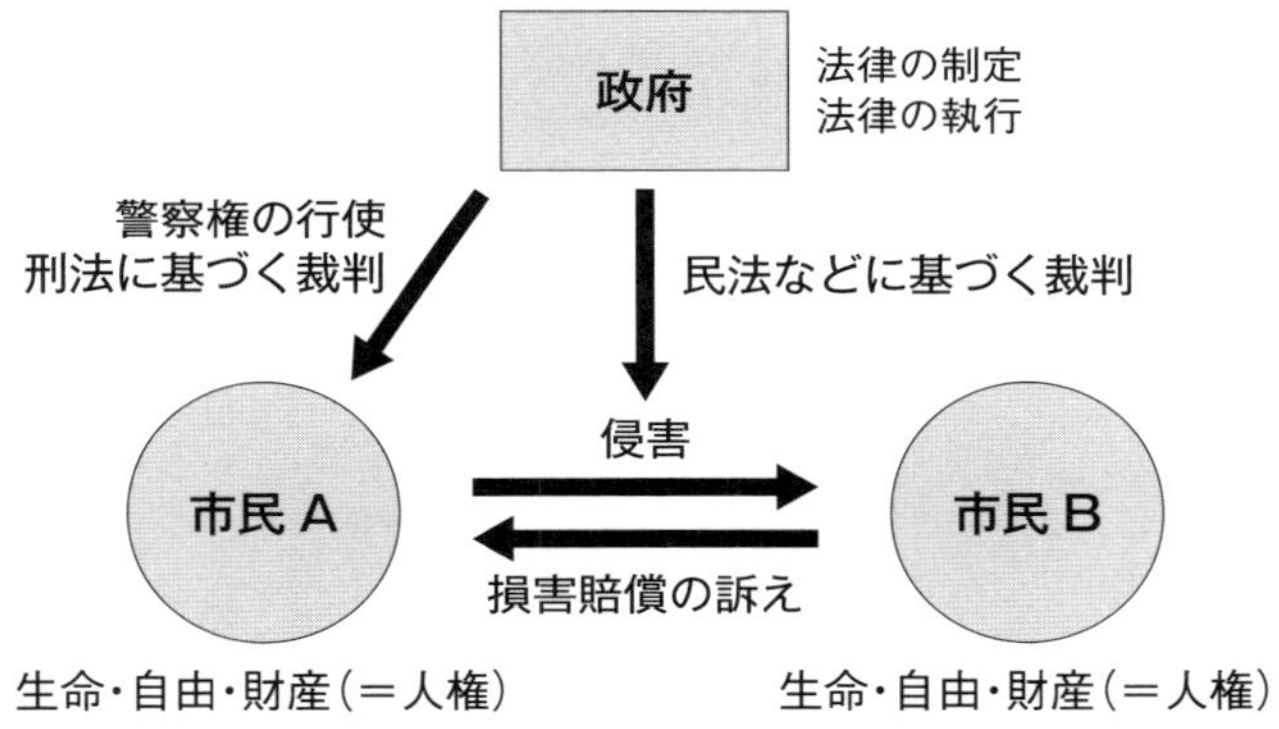

う方法と、市民Aに対してBに謝らせて賠償させるという方法がある。

まず、捕まえ罰する方から考えよう。これは刑事事件として扱われる。ところで人権といっても広い概念なので、そのうち、どのような行為が人権侵害に当たるのか（＝構成要件）、それにはどの程度の罰則が課せられるべきなのか（＝刑罰）をハッキリして欲しいという要求が強まる。これを罪刑法定主義という。こうして人権侵害の諸類型を規定し、それぞれに相当する罰則を明記した法律が制定される。これが刑法である。この刑法に反する行為を犯罪と呼ぶ。

こうして、市民Aの行為が刑法に反する場合、警察権が発動され、市民Aは逮捕され、裁判にかけられるようになる。もし有罪と判断されればAは罰せられる。その代わり市民Bが実力でAを罰することは禁じられるようになる（私刑の禁止）。BがAを刑事罰で訴えたくても、警察や検察にAを告訴することができるだけである。

他方、市民BはAを訴えて民事上の損害賠償を請求できる。AがBに犯行を行ったことが認められれば、当然に損害賠償は認められる。実際に支払能力がAにあるかどうかは別として。しかし、犯罪とまではいえなくとも、人権侵害あるいは法律上の利益の侵害があったと認められれば、損害賠償が認められる。カラオケ騒音被害など思い浮かべてみれば分かるだろう。これは民事事件として扱われ、民法などに基づいて裁かれる。この関係は、**図2**のようになる。こうして政府が樹立されると市民の自然権は法律上の権利として認識されるようになるのである。

すなわち、人権侵害に対する正義の回復（＝矯正的正義の実現）を、政府は、刑法や民法などの法律を制定し、それに基づいて実行するのである。こうして自然権は人権となり、さらに法律上の権利・義務となっていく。このように整理してみれば、犯罪であるとされることは、他人の人権を侵害しているということを意味することが分かる。つまり、いじめは犯罪であるというのは、いじめは人権を侵害しているという意味と同じである。その意味で**定義G**（90頁）と**定義H**（95頁）は同じ趣旨のことをいっていると考えてよい。

ただ、人類の歴史のなかで、人権は自然権だけでなく、選挙権などの公民権（市民権）、ストライキ権などの労働権、福祉を受ける権利などの生存権（後二者を社会権ともいう）も人権というようになった。このように人権概念が広がれば、人権侵害≧犯罪ともいえる。なお、犯罪も、自然権を侵害する行為は自然犯と呼ばれるのに対し、それ以外でも、法律に違反する行為（例えば、信号を守らないとか）を法定犯といい、その外延は広がっている（ただし、ここでそれは無視する）。

また、いじめは人権侵害であるといっても、いじめは犯罪であるといっても正確に対応しているわけではないことには注意が必要である。つまり、いじめ＝人権侵害ではない。いじめの行為類型が、人権侵害の行為類型に含まれる、あるいは犯罪の行為類型のなかに見いだされるということである。等式で示せば、あくまでイメージでしかないが、「人権侵害∨自然権侵害≒犯罪∨いじめ」となる。

それらを前提にだが、「いじめは人権侵害である」というより、「いじめは犯罪である」といった方が、インパクトは強いだろう。しかし、反動も強いように思われる。つまり、誰かがそれは犯罪だといった場合、では、どういう犯罪なのだと反論されかねない。とすると、犯罪名や刑法の条文をいえなければ相手にされないかもしれない。それゆえに、実際に、刑法の条文を参考にして、いじめ行為がどのような犯罪にあたるかを調べさせている授業例もある。しかし、義務教育でそこまで必要だろうか。

また、実際、構成要件に該当する行為であっても、警察権が発動されるとは限らない。例えば、ある行為が構成要件には該当するが、罰するほどの行為ではない場合は「犯罪」とはいわないだろう。さらには、子どもの場合は、同じ行為を行っても、見逃される場合もある（少年法について103頁参照）。つまり、いくら犯罪になると脅しても、現実には、警察が出動しタイホされるとは限らない。

したがって、いじめの授業を行うならば、それと並行して、人権について、少なくとも自然権について、自らの人権を守る必要と同時に、他人の人権を尊重する重要性についてもきちんと教えておくことが重要で、それで足りる。社会（人々の集まり）は、人権（＝自然権）の尊重が基本になくては成立しないこと、それゆえに、人権侵害を、政府は犯罪として厳しく罰すること。そして、いじめといわれる行為には、その許されない人権侵害行為が多く含まれ、それゆえそれに抵抗してよいこと、そうすべきことである。

ただ、犯罪とされる行為類型以外にもいじめと考えられる行為類型（いじめ＞犯罪）が存在するかもしれないという問題がある。人権侵害についても同様（いじめ＞人権侵害）である。これらの問題についてはこれから見ていこう。

定義Ⅰ　いじめは重大な人権侵害が現実に予測される行為である

ここで実際にいじめをめぐって争われた裁判の判決について見てみよう。

小学4年生の女子児童が、放課後の学校内で男子児童から集中的に、暴行、足元への滑り込み等いたずらの対象とされ受傷した事故につき浦和地裁（三室小学校いじめ負傷事件・浦和地判一九八五〔昭和六〇〕年四月二二日）は、「集中的、かつ、継続的に暴行を受け又は悪戯をされている事実」、「『いじめ』の事態が容易ならざる深刻なものであること」を認定し、学校設置者（市）および加害児童の親に損害賠償を認めている。

先に引用した福島地裁いわき支部の判決（73頁）は、一年半にわたる継続的暴行、金員恐喝、犯罪行為の強要、いやがらせなどの結果自殺に追いこまれた事例につき、「ある生徒（達）の行動により他の生徒の生命は勿論、身体、精神、財産等に重大な危害が及ぶことが現実に予想されるようなとき」に学校設置者の責任を認めた。

いわき支部判決の「ある生徒（達）の行動」とは、浦和地裁判決によれば、「暴行」または「悪戯」とされており、いわき支部判決に較べて、「悪戯」もその行動に加えている。いじめ行為の中に悪戯をいかに位置づけるべきか後に検討するが、当面、こちらを採用しておこう。そして浦和地裁判決によれば、この行動が、集中的かつ継続的に行われ、その結果、「事態が容易ならざる深刻なもの」となったとき、法的責任を取るべきいじめとなるとしている。

「事態が容易ならざる深刻なもの」とは、いわき支部判決の文言によれば、「生命は勿論、身体、精神、財産等に重大な危害が及ぶこと」と表現されている。そして、福島地裁いわき支部は、「重大な危害が及ぶことが現実に予想されるようなとき」、それを学校が放置することに対し、学校設置者に賠償責任を認めた。

両判決からいいとこ取りしていじめを定義してみれば、「集中的、かつ、継続的に暴行を受け又は悪戯をされている事実」により、「生徒の生命は勿論、身体、精神、財産等に重大な危害が及ぶ」とき、法的責任をとるべきいじめが認定され、そのことが「現実に予想されるようなとき」、学校がそれを放置しているならば学校設置者に法的責任が発生する、ということになろう。

ここでのキーワードは、「生命、身体、精神、財産等に対する重大な危害への現実の予測」である。**定義G**（90頁）と比較すると、「精神」が付加され、「重大な危害」という用件が加重されているところに特徴がある。

浦和地裁は、「『いじめ』の事態が容易ならざる深刻なものであること」といっていた。つまり、「いじめ」の定義が別にあることを想定しながら、この「『いじめ』が容易ならざる深刻なものである」とき、学校設置者および加害者に、損害賠償を命じているのである。つまり、**定義I**を正確にいえば、法的責任を問うべきいじめとは、重大な人権侵害が生じた時である、となる。

なぜ重大な人権侵害だけ法的責任を問うのだろうか。これは、先にみたように、人間の成長についての考え方があるからであり、福島地裁いわき支部判決は、「他の生徒との軋轢や時には喧嘩などの衝突をも通じて、たくましく成長し社会生活に適応する能力を身につけていくという一面があること」とそれを表現していた。

裁判に上がってくる事件が、結果としてかなりの被害が生じてからのものが多いことを考えれば、それに法的責任を認めるべきか否かという観点からは、これらの判決は評価に値する。というのも、判決の目的は、いじめ被害がすでに発生している段階で、誰にどのような責任を負わせるのが、矯正的正義に適っているかを判断することにあるからである。

しかし、「他の生徒との軋轢や時には喧嘩などの衝突」を超え、「重大な危害」ではないが**定義G**（90頁）に該当する人権侵害があったとき、それを止めなくてもよいのかは別途検討が必要であるように見える。この問題は第三章(143頁)で論ずることとする。なお、この点、いわき支部判決は、「重大な危害が及ぶことが現実に予想されるようなとき」、学校の無作為に対して責任を認めていることに注意しておきたい。

ところで、この判決では、いじめ被害の責任を学校設置責任者に負わせている。この場合の設置責任者とは、いわき市である。なぜ、生徒のいじめ行為について、いわき市が責任を負わなければならないのだろうか。いじめ被害の責任は誰がどのように負うことになっているのか簡単に見ておきたい。

理論検討Ⅲ　いじめ被害に対して誰がどのような法的責任を負うのか

生徒Yが生徒Xに危害を与えた場合、それが刑法に触れるならば、Yは逮捕され刑法で処罰される。これはYが違法な行為を犯したのであるから当然であろう。ただし、Yが未成年者の場合、責任を取りうる年齢ではないことを鑑み、刑事処分を下すのではなく、少年法の規定に基づいて家庭裁判所により処置される。

まず一四歳未満の場合、刑法の対象とならない(刑法四一条、少年法三条二項)。他方、少年法の対象となる二〇歳未満の場合でも、死刑、懲役又は禁固に当たる罪を犯し刑事処分相当と認められる時は検察官に送致される(少年法二〇条一項)。特に、故意に死亡させた場合には、一六歳以上であれば検察官に送致される(少年法二〇条二項)。つまり刑法が適用される。

と同時に、先にも説明したように、生徒Xまたはその親は、民法七〇九条に基づいて、生徒Yに対して損害賠償を求めることができる。同条は次のように定める。「故意又は過失によって他人の権利又は法律上保護される利益を侵害した者は、これによって生じた損害を賠償する責任を負う。」と。この責任も、Yが犯した不正義に対する正義の回復＝矯正的正義の観点からすれば理解できる。しかし、Yが少年の場合、いくら裁判で勝ったとしても、そこで認められる賠償額をYが払えるとは思えない。その場合、Yの親（＝親権者）がその責任を担うことになる。

したがって、生徒YがXに重大な危害を加えた場合、Yは刑法（または少年法）上の責任を負うと同時に、YまたはYの親は、Xまたはその親に対して民事上の損害賠償責任を負うことになる。YのXに対するいじめに加わったものも同様の法的責任に問われることになる。

ここまでは理解できるだろう。ところで、いじめ被害は通常、学校で生じる。学校の教師が通常の配慮をしていればそれを防げることも多い。にもかかわらず、いじめが行われているのに先生が知らないふりをしていたり、あるいは逆にそれを助長したりした場合、教師や学校の責任はどうなるのだろうか。仮にXが死亡し、その損害額が一〇〇〇万円と認定されたとする。まず、YまたはYの親がそれを支払う義務があるのは見たとおりであるが、それだけの金額を支払えない時、あるいは先生の指導に不満があるとき、Xの親は、教師または学校の責任も同時に問いたいであろう。

そのような場合のために、国家賠償法一条一項がある。それは次のように規定する。「国又は公共団体の公権力の行使に当たる公務員が、その職務を行うについて、故意又は過失によつて違法に他人に損害を加えたときは、国又は公共団体が、これを賠償する責に任ずる。」と。

すなわち、いじめを止めさせなかったことについて、担任または校長（公権力の行使に当たる公務員）に、故意又は過失が認められれば、国又は公共団体が、これを賠償しなければならないのである。もし責任が認められれば、一〇〇〇万円を、その責任に応じて負担することになる。

公務員に直接、損害賠償を求めることが認められていないのは、公務を行うに当たって、公務員が萎縮することがないように配慮した結果であるとされる。他方、国または地方公共団体には、学校という施設を設けた責任、ないしその教師を雇っている責任があるとされるのである。

以上のように、生徒ＹがＸに危害を加えたときの法的責任は、Ｙまたは Ｙの親権者、そして国又は地方公共団体（学校設置者）にあるというのが、いじめをめぐる法的責任のあり方ということになる。

第三節　シカト（無視）はいじめか

以上のことを確認のうえ、もう一度、判決に戻ろう。先の判決において、いわき支部は、いじめ責任を負うべき場合として、「精神…に重大な危害が及ぶことが現実に予想されるようなとき」という類型を独自に認めていた。

この意味は、**定義Ｇ**（90頁）の人権侵害と比較してみると明らかである。生命・肉体・自由・

財産への侵害を挙げる定義Gには、精神への侵害という独自の類型は存在しない。この点、定義E（85頁）は、「②…心理的な攻撃を継続的に加え、③相手が深刻な苦痛を感じているもの」として、これを専ら「いじめ」であるとしていた。二つの定義は関心の持ち方がまったく違うのである。定義Gは具体的な人権侵害に関心があり、定義Eは何らかの行為の結果、精神が傷ついたかどうかに関心がある。この二つの定義のズレの意味を考えるために、定義Gの行為類型に当たらない形での「心理的な攻撃」に何があるかから考えよう。

定義C（82頁）では、いじめの行為類型として次の行為を挙げていた。「菌ごっこ、無視や仲間はずれ、悪質な悪口、嫌がらせ、落書き、物を隠す」。また定義D（84頁）は、さらに様々な行為類型を挙げていた。

定義Cの行為類型のうち「落書き、物を隠す」などは「財産」の侵害であるとして、定義Gの行為類型に包含することも可能であろう。しかし、それ以外の行為は、定義Gからは説明できない。では、これは人権侵害に当たらず、いじめではないということになるのであろうか。この点が、定義Gのところで挙げた学生の感想が、定義Gに違和感を覚えると述べていたことに関連するのであろう。

定義C、定義Dの挙げる行為類型の特徴は何であろうか。それは、これら個別行為だけでは人権侵害とはいえないとしても、それらが継続するならば、その結果不登校になるなど、「相手が深刻な苦痛を感じる」ことであろう。これらの行為は人権侵害といえるのであろうか。これを憲法学の観点から検討してみる必要があるように思われる。

以下では、「無視をしたり仲間はずれにする」行為を「シカト」と呼んで、この問題の典型として取り上げ、それを「いじめ」と考えるべきか否かを考えたい。「シカト」がいじめなのは、子どもたちからすれば当然のことなのであろうが、それが不正な行為なのか否か、「止めてもらえる権利があるのか」がここでのポイントである。

なぜこう言うかというと、誰と遊ぶか、誰と遊びたくないかは個人の自由であり、その集積として、被害者と遊ぶ子、話をする子が誰もいなくなったとしても、それは自由の結果であり、そこに不正なものは何もないと考えることも可能だからである。ジョン・S・ミルの言うように、「誰か他の人に害悪をもたらす」行為でない限り、「個人は彼自身に対して、すなわち彼自身の肉体と精神とに対しては、その主権者」(『自由論』二五頁)だからである。

実は、当初私の授業では、誰でも友達を選ぶ権利はあるのだから、それを人権侵害とまではいえない。したがって「いじめ」とはいえない。仲間はずれにするような連中は相手にせず、クラスの外、学校の外に目を向けて友達をつくったらいいのではないかと言っていた時期がある。しかし、そうした発言に対する学生の反発が強烈であったのは第一章で見てきたところである(20頁)。子どもたちにとって、シカトは、生命・肉体・自由・財産への侵害と同等、あるいはそれ以上に大変な問題なのである。そこで私も改めて、シカトについて考えてみることにした。シカトは、「不正」であるといえるのか、あるいはいえないのであろうか。

このように考えた時、定義A、B、C、Dは、それがいじめであり、なぜ不正かを説明しようとしていたことに気がつく。

定義A、B、C、Dからの検討

しかし定義D（84頁）は、それがいじめだというだけで、なぜいじめなのか、それは不正なのか、止めてもらう権利があるのかには、何も答えていなかった。

一方、定義A（78頁）のように、「いじめられている子どもの認識」から見ていじめならば、それはいじめであるというのも、それに対する一つの解答であると思われる。そしてそれが、「いじめられている」という子どもの訴えに真摯に対応すべきであるという意味なら、理解可能である。しかし、それが、子どもが「いじめ」被害を訴えれば、いじめ＝不正であるということを意味するとしたら、誰も納得しないであろう。級友が友達になってくれないからといって、それだけで相手に謝らせる権利があるとか、ましてや友達になってもらう権利があるとも思えない。

いじめは、弱さ、まじめさや異質さに対する攻撃であるとする定義B（80頁）は、シカトは、そうした相手を追い詰め、苦しめる行為だから問題であると答えるであろう。つまり、相手が弱い者であったら、シカトはよくないのだということになる。さらに定義C（82頁）のように、「いじめる子どもの心の在りよう」に着目する観点からは、例えば、嫉妬等低劣な心、まじめさや異質なもの、あるいは弱者への攻撃からなされるものであれば「いじめ」に当たるとの応答がなされるかもしれない。しかし、すでに見たように、いじめる人間、いじめられる人間が誰であれ、いじめはいじめである。教師からみれば、いじめる者の心に訴える道徳教育が重要かもしれないが、いじめられている者にとって、それを止めてもらう権利があるかどうかが重要である。この観点からみれば、シカトはなぜ、不正なのかという問題が検討されるべきであろう。

シカトしたことがあるという学生の感想を見ていると、やむをえない手段としてシカトは許されるべきであるという意見も多かった。次の学生Xからの挑戦状はその代表的なものである。まずそれから見ていこう。

学生Xからの挑戦状

「僕がいじめをしたときの話をします。僕がいじめたのはそれまでは友人でした。しかしその友人が僕の彼女の悪口をクラス中に広めました。僕はそんなでたらめなことを言った友人に謝罪を求めましたが、拒みました。それ以後、僕は彼を無視するようになりました。クラスのみんなも僕に同感して、クラス中で彼を無視することになりました。それで彼は登校拒否になりました。この話では一体誰が悪いでしょうか？　僕は、彼がそのようなことをしなければこのようなことは起こらなかったと思います。」

この学生は、シカト＝不正という命題に挑戦している。

この学生をX、友達をYとしよう。Xからすれば、Yが弱いからでも、まじめだからでも、異質だからでもなく、Yが悪いからシカトしたのである。とすれば、定義B（80頁）からみると、これはいじめではない。また、彼女の名誉のために戦ったのであって、「心の在りよう」に問題があるとはいえず、定義C（82頁）からみてもいじめとはいえない。また定義A（78頁）により、Yが「いじめだと感じるからいじめ」なのだと主張しても、Yが悪いのだからそんなことを言う権利はないと言われそうである。

たしかに、定義A、B、Cから、Xの行為をいじめというのは難しいように思われる。では、これはいじめではないからと放置してよいのであろうか。けれども、Yからみれば、それは明らかにいじめであり、現に、Yは不登校となっている。

定義Eからの検討

では、定義E（85頁）からみたらどうか。それによれば、いじめとは、①自分より弱いものに対して一方的に、②身体的・心理的な攻撃を継続的に加え、③相手が深刻な苦痛を感じているものとされていた。

これによれば、たとえ相手が悪かったとしても、クラス中で彼をシカトしたのであるから①に該当し、不登校になるまでシカトしたのであるから②「心理的攻撃を継続的に加え」に該当し、不登校になったのだから③に該当する。したがって、これはいじめであると。

定義G（90頁）の挙げるような行為については説得力がなかった定義E（85頁）であるが、シカトについてその守備範囲であったことが分かる。では、このXの騎士道的行為に対し定義Eはそれを不正というのだろうか。結局、それはいじめだというだけで、それが不正かどうか、法的に救済すべきか、という問題には関心がないように思われる。

問題を整理すれば次のようになる。①シカトは、生命、身体、自由、財産への侵害ではなく、したがって人権侵害とはいえず、また誰でも友だちを選ぶ権利はあるのだから、シカトは道徳上の問題はともかく、法的には許容せざるをえないのか、②それともシカトは、被害者に圧倒的苦痛を与え、弱者に追い込むがゆえに、絶対に許されない手段なのか。であるとすれば、シカトは、いかなる人権を侵害しているのか、③それにもかかわらずXの事例は、許容されるのかである。

①の立場を補足すれば、次のような問題がある。例えば、子どもたちが、自分がリーダーになるために、あるいは暇つぶしに、さらにはゲーム感覚や仲間づくりのために、シカトをして遊ぶこともあるかもしれない。確かにそれは望ましくないかもしれないが、それは未熟さからくるものもあり、そのような遊びを通じて、人は人間関係を覚え、力を合わせれば勝てること、あるいは、お山の大将ではたとえ力が強くても社会では通じないことを学んでいくのだともいえるだろう。河合隼雄が「適切ないじめ」があると言っていた由縁である。これらをすべからく禁止すべきであろうか。禁止できるのであろうか。しかし、だからといって、シカトすべてが認められるのか。

定義Hおよび I からの検討

定義Gが、直接シカトをいじめ行為の対象としていないのはすでに見た。では、定義H（95頁）はどういうだろうか。

「いじめは犯罪である」という定義Hは、いじめは犯罪の構成要件に該当する行為であるがゆえに不正であるとしていた。では、法律はシカトについてどのように考えているのであろうか。定義Hの提唱者は、シカトについても、それが村八分《むらはちぶ》と同様な違法行為であるがゆえに不正であると答えている。すなわち、村八分は、不法行為（民法七〇九条）および刑法上の脅迫罪に該当するからと。

村八分とは、昔の村落共同体において最も重い制裁とされていたもので、村人すべてが、ある一家と一切の付き合いを絶つという私的制裁である。葬式と火事だけは、別だということで八分と呼ばれている。

岡山地裁判決（岡山地判一九七八（昭五三）年一一月一三日）は、この村八分について一般論として次のように述べている。「一般に、村落共同体におけるいわゆる村八分と呼ばれる共同絶交が、多くの場合その対象とされる者の名誉の毀損またはその人格権・自由権の侵害となり、民法上の不法行為を構成することは広く肯認されているところである」。

しかしながら、岡山地裁で争われた具体的事件においては、「ことの本質は、部落共同体内の異端者ないし無能力者を共同生活圏の外に排除するというよりも、むしろ大小二集団がそれぞれに自己の立場を固守し、互いに面目にこだわり意地の張り合いを続け、和解を申し入れることをも潔しとしない固い姿勢にある」と見なされたがゆえに原告は敗訴している。つまり、グループ間の喧嘩は、いじめではないと。

ここでは「異端者ないし無能力者」を排除する行為であれば違法としていることが注目される。違法な理由は、それが、「名誉の毀損またはその人格権・自由権の侵害」に当たるからである。

村八分は刑法上、脅迫罪を成立させるとする大審院判決（大判一九三四〔昭九〕年三月五日）は次のようにいう。（ちなみに、大審院とは、第二次世界大戦前における最高裁判所のようなもので、民事事件・刑事事件の終審裁判所であるが、特別裁判所や行政裁判所とは別系列にあった。また、違憲立法審査権を持たなかった点でも戦後の最高裁とは異なる。）

「一定の地域に共同生活を為せる住民の多数が相結束し正当の理由なきに拘わらず特定の住民に対して将来の一切の交際を杜絶すべき旨即ち所謂『村八分』と為すべき旨決議するが如きは該特定人の人格を蔑視し共同生活に適さざる一種の劣等者を以て待遇せんとするものなれば個人の享有する名誉を侵害する結果を生ずべきものなるを以て右決議が名誉毀損の結果を生ずるは勿論……相手方を畏怖せしむるに足るを以て脅迫罪の成立を認むべきこと亦勿論なり」と。

ここではまず、「正当の理由なきに拘わらず」という表現に注目したい。すなわち、彼女の悪口を言われたからといって、村八分（＝シカト）することは違法であるといっているのである。

ともかく、この二つの判決から、次の論理を取り出すことが可能であろう。すなわち、他に選択肢のない「共同体内部」において「特定の者」（ただし、排除された者たちが少数グループを形成できる場合は別）に対して「正当な理由なきに拘わらず」「共同絶交する旨決議するが如き行為」は、「該特定人の人格を蔑視し共同生活に適さざる一種の劣等者を以て待遇せんとするもの」であるがゆえに「名誉」を侵害し、またはその「人格権」・「自由権」を侵害し、「相手方を畏怖」させるがゆえに「脅迫罪」に該当する行為であると。

なお、「正当な理由なきに拘わらず」という要件に対して、岡山地判は「異端者ないし無能力者」を排除する行為というように、この要件を絞っている。岡山地裁の論理には、**定義B**（80頁）の「まじめさや異質さへの攻撃」と同様の発想が見られて興味深い。岡山地裁によれば、「正当な理由」があれば村八分も許容される可能性がある。他方、大審院判決によれば、「正当な理由なきに拘わらず」村八分は違法とされる。

この違いをいかに考えるべきかについては後に考察するが、いずれにせよ、**定義H**（95頁）の提唱者は、村八分について判例がそれを違法だと認めているので違法だと回答する。そして、それに類似するシカトも不正だと。これに対して、どう考えるべきなのであろうか。

本書は、いじめを憲法から、根源的なところから摑み直そうとする試みである。では、日本国憲法に基づけば、村八分をどのように捉えるべきなのであろうか。この論理は、古い共同体思想に基づくものであって、自由を基調とする日本国憲法のもとでは採用すべきではないのであろうか。それとも、その行為は、ジョン・S・ミルの言う「誰か他の人に害悪をもたらす」行為であり、日本国憲法下でも許されないと考えるべきなのであろうか。

理論検討Ⅳ　なぜ村八分は許されないのか

なぜ何もしないシカトが「誰か他の人に害悪をもたらす」といえるのか。それについて参考になるのは、ドイツの憲法裁判所の判決である。この判決を書いたヨゼフ・M・ヴィントリッヒという当時のドイツ憲法裁判所長官は、人間というものの本質について、次のように述べている。「精神的・道徳的な存在としての人間は、自覚と自由のなかで、自ら自己のことを決定し、自己を形成し、そして、環境の中で自己を発揮するように、もともとつくられて」おり、それが人間の尊厳の本質を構成すると（J. M.Wintrich, S.15.）。

そして、ドイツの憲法学者エクハルト・シュタインは、ここから次のような要請を導いている。「人間に尊厳が認められるべきであるのなら、人間であることに欠くことのできない諸条件が、最も強い憲法上の保護の下に置かれるべきこととなる。これには、とりわけ自己決定という意味での人間の人格性と、他者とのコミュニケーションに依存するものであるという意味での人間の社会的関連性とが含まれるものでなければならない。そしてこの後者は、その人間が、コミュニケーションの相手として社会によって真面目に扱われる、ということを要する」（『ドイツ憲法』三一四―三一五頁）と。

つまり、人とコミュニケーションを行うことは人間の本質に基づくものであるので、相手を真面目に扱わないのは憲法に反するというのである。もちろん、これは憲法上の要請であるので、第一義的には、政府に対する要請として理解されるべきであろう。すなわち、政府は、コミュニケーションの相手として国民を真面目に取り扱わなければならず、人間の尊厳に反して、国民を取り扱ってはならないとの要請である。

しかし、そうしたことを保障する「人間の尊厳」という考え方は、ジョン・ロックが述べたような意味で、自然権として存在すると考えられる。というのも、人間の尊厳の要請は、人間が生きるうえで不可欠の条件であると思われるからである。自然権とは、政府が無い状態でも個人がもともと持っていると考えられた権利であった。その意味で、これが自然権だという意味は、個人が社会に対しても、国家に対しても「人間の尊厳」の保障を要請できるということである。そして、このことはすべての国民が、「個人として尊重される」(憲法一三条)ことを要請する日本国憲法の趣旨とも合致する。したがって、理由が何であれ、ある特定の人間の社会的関連性を、当人の意向に反して無理に断つことは、それが個人の尊厳を侵害するものであるがゆえに、ある人を監禁してコミュニケーションを断つことが許されないのと同様に、許されない。

もちろん、人権という概念は抽象的であるので、国家に対してはともかく、国民にそれをそのまま尊重することを要請するのは難しい。したがって、「人間の尊厳」(＝コミュニケーションの相手として社会から真面目に扱われる権利)を侵害する行為を、国家が立法や行政上の措置によって、あるいは裁判において、具体化することが必要とされる。刑法が、名誉毀損罪や侮辱罪を定めるのはその一例である。また、判決が、法律を解釈して、村八分が違法であるというのもそれに由来する。

もちろん、大人の社会ではシカトは一般的に見られる現象であって、そこではシカトが犯罪視されているわけではない。その理由としては、大人には多様な社会が用意されていて、誰と親しくするかは個人の自由である、逆に言えば、誰かと交際しないことが不正だとはいえないと考えられているからである。しかし、特定の閉ざされた共同体の中で暮らさなければならないとしたら、その場合は、大人でさえ、そこで「共同絶交する」自由はない、とされたことを確認しておきたい。

子ども社会における学級は、この村落共同体に匹敵するものと見てよいであろう。すなわち、学校における「所属集団によるシカト」は、個人を「コミュニケーションの相手として真面目に扱う」という要請に反しており、それゆえ学校がそうした事態を放置することは許されない。これを子どもから見れば、個々の子どもには「コミュニケーションの相手として真面目に扱われる権利」があり、それが侵害されるがゆえにシカトは不正であるということを意味する。

言葉によるいじめ

言葉によるいじめも、以上のことから説明が可能であろう。**定義C**（82頁）のいう「悪質な悪口」、**定義D**（84頁）のいう「いやな悪口」というのは、「該特定人の人格を蔑視し共同生活に適

図3

人権＝国家と国民の関係

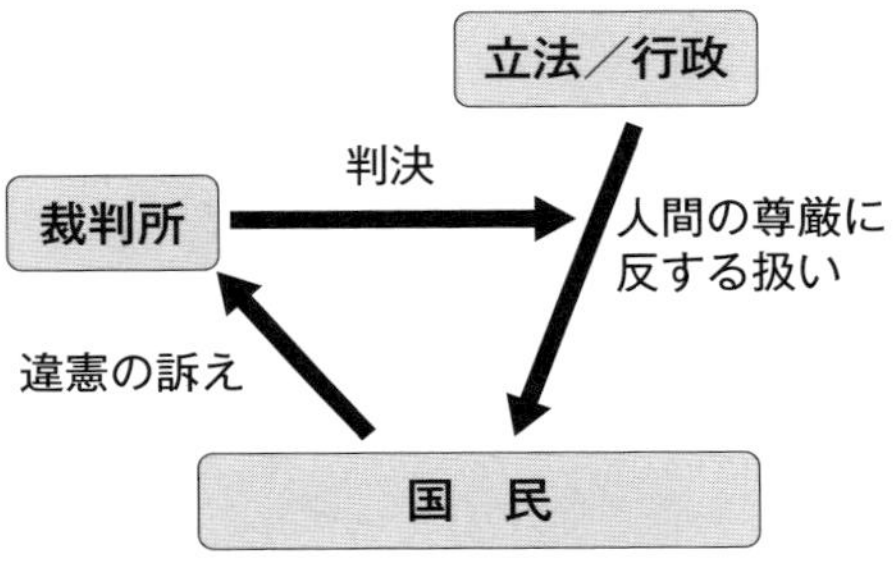

さざる一種の劣等者を以て待遇せんとする」悪口のことと理解できる。定義Dの「その人がみんなからきらわれるようなうわさ」も同趣旨であろう。その手段が、ＬＩＮＥ《ライン》やネットを使ったものである場合も同様である。これはいつ何時、自分がいじめの対象とされているか分からないだけに恐怖である。また、一端、ネットにある種のプライバシーがアップされると、それが全世界を駆け回り、いつまでも残るがゆえに問題も大きい。これもまた、当該人を「共同生活から排除する」。現在、対応が模索されている段階である。

しかしいったんそうしたことが行われ、結果として重大な人権侵害が生じた時は、証拠が残るだけに、法的対応はやりやすいともいえる。つまり防ぐのは難しいが、罰するための証拠集めはそう難しくない。法教育や情報リテラシー教育などに取り組み、そうしたことを子どもたちに伝え、牽制していくことが必要であろう。また、大人社会も、こうした問題をもっと重く受け止め、対応を急ぐ必要があると思われる。

以上見てきたように、言葉や仲間はずれ、ネットによるいじめは、「該特定人の人格を蔑視し共同生活に適さざる一種の劣等者を以て待遇せんとするもの」であるがゆえに「名誉」を侵害し、またはその人格権・自由権を侵害し、「相手方を畏怖」させるがゆえに「脅迫罪」に該当する行為であり、したがって不正であるように思われる。違法といわず不正というのは、大人であれば、その行為は違法となり、刑事責任、民事責任を問うことができようが、子どもにまでそうした法的責任を問うべきか否かは立法政策の問題であり、今日一般的には違法とはされていないからである。しかし、ジョン・S・ミルの言葉を借りるならば、そのような行為は、「社会または社会の或る有力な部分の嗜好と嫌悪」が個人を統制するために用いる手段（『自由論』二〇頁）ということができ、したがってそれは自由を侵害し不正である。ただ、「仲間はずれ」についてそこまでいえるかは態様によるだろう。それについては後に、さらに検討する

なお、口げんかはいじめではない。というのも、それは、相手を「コミュニケーションの相手として真面目に扱」っているからである。

第四節　本書の定義

本書でいじめを定義する目的は、いじめを防ぎ、生徒の安全を確保するためである。そのためには、まずは教師がいじめを認識できることが重要である。定義B（80頁）、C（82頁）は、特にそうした問題関心に立っているように思われた。そして、それらは、「いじめる子どもの心の在りよう」に着目するのが特徴である。教育学関係のものが「いじめる子どもの心の在りよう」に着目するのは、ここにいじめの問題性を求めるからであろう。それは道徳教育に取り組む教育学

的関心に由来しているように思われる。定義Bが、学校に対して「正義感や倫理観、生命や人権を尊重する心、互いの個性を大切にし、差異を認め合う態度を子どもたちが身に付け、前向きに切磋琢磨し合う人間関係が築かれるよう、積極的な働きかけをお願いしたい」というのはその典型であろう。

つまり、これらは教育者の立場から、特にいじめる子どもの「心の在りよう」を教育しようとする関心から見た問題設定である。しかしながら、これらの定義は、いじめられている子どもの役には立たない。いじめられる側から見て、いじめの判断を可能とし、なぜそれが不正なのかを明らかにするものではなかったからである。また、いじめ加害者への教育による更生を待っていても、彼らの被害は続いているからである。教師にとっては、教育による加害者の更正が問題かもしれないが、被害者にとって重要なのは、いじめを直ぐに止めてもらうことだからである。

いじめ対策に対する教師たちの反応に、「それは対処療法にしかすぎない」といった言辞がよくみられる。しかし、なぜそれで反論できた気になっているか理解できない。目の前で、殺人が起こっているのに、それを止めずに、そこで人間のあり方を説教しても無意味であろう。まず、いじめを止めることが重要であり、説教はそれからである。

いじめの具体的行為を並べる定義D（84頁）は、子どもたちにとって、いじめかどうか判断するには役立つ。したがって、調査のためのシートとしては優れていた。しかし、それらがなぜ不正かを明らかにしていなかった。それは、覚える力を養成しても、考える力は育てない。いじめを止めさせたい教師にとって、なぜそれをすることが不正なのかを説得力をもって説明できることが重要である。

本書の目的からすれば、子どもが、確信をもっていじめにNOと言うことができるようになるために、いじめられている子どもがいじめを認識し、その不当性の判断を可能とする定義が必要である。

それができれば、その定義によって、いじめられている子どもは、「これはいじめである」と確信でき、その不正さを認識することができるようになる。そうすれば、いじめられている彼または彼女は、①不正なこととそうでないことが区別でき、②不正なことと分かれば、相手が悪いと認識でき、自分を責めなくてよくなり、③相手に非があり自分に正義があると分かれば、いじめと戦うなり、助けを求めるなり、逃げるなり何らかの行動を起こせるようになる。すなわち、その定義を知ることで「自信をもっていじめにNOと言える」ようになるだろう。

また、教師は、いじめにより重大な危害が発生する前に、そうした行為を発見でき、それにNOと自信をもって言えるようになるだろう。いわき支部判決の言葉を使えば、「重大な危害が及ぶことが現実に予想される」のにそれを防がなかったら学校の責任が問われるのである。どういう行為が行われているときに、重大な危害が及ぶことが「現実に予想される」のであろうか。できるだけ具体的な言葉を用いて「いじめ」を定義する必要がある。

定義J　いじめは二重の人権侵害であり、その本質は人格に対する攻撃である

こうした問題関心に立ち、筆者は、二〇〇六年段階で次のような手順でいじめを定義した。まず、いじめの手段から考えた。

いじめの手段として様々挙げられる文言としては、「身体的・心理的攻撃」、「暴力またはことば、あるいは仲間はずれ」、「暴力または悪戯」などがある。悪戯は、それが直接、いじめとなるわけではない。つまり、善意の悪戯だってあるわけで、悪戯だけでは違法・不当だとはいえない。ただ、**定義I**（100頁）で見た浦和地裁が述べていたように、「集中的、かつ、継続的に暴行を受け又は悪戯をされている」場合は、いじめの一要素をなしているということができると思われる。つまり、悪戯にも色々あるが、ただ悪戯だけではいじめは成立しないと思われたので、この時は除外した。

次に、「身体的・心理的攻撃」は、児童、生徒にとって抽象的で分かりにくいので、いじめの手段として、「暴力またはことば、あるいは仲間はずれ」を選択した。

次に、いじめの攻撃対象であるが、文部科学省の**定義E**（85頁）は、「③相手が深刻な苦痛を」として、精神に対する攻撃を挙げていた。しかし、金品を奪うことはどのように位置づけられるのであろうか。他の定義では、様々な法益（＝法によって保護されるべき利益）が挙げられていた。「生命・肉体・自由・財産」、「名誉」「コミュニケーションの相手として真面目に扱われる権利」「人格権」「精神」などである。ここで民法を見ると、民法七一〇条は、「身体」、「自由」、「名誉」、

「財産」を保護法益として挙げ、民法七一一条は「生命」を保護法益として挙げている。「肉体」は民法に従い「身体」を使う。なお、「自由」には身体的自由と精神的自由があると思われる。暴力は主として前者を、「ことば、あるいは仲間はずれ」は、主として後者を攻撃することにより他方の自由も統制下に置こうとするものと理解できる。

そこで、次のように言ってみる。いじめとは、暴力による「生命・身体・自由・財産」への侵害、言葉や仲間はずれによる「名誉」・「精神的自由」の侵害であると。これによって、いじめの不当性、怒るべき時期、教師の介入すべき時期は明らかになると思われた。

しかしながら、いじめを受けたことのある人間はこれでは納得できないであろう。たとえ暴力によって何十万円奪われようと、そのことで自殺する者は通常はいないからである。つまり、**定義G**（90頁）や**定義H**（95頁）での検討でも見たように、以上の定義では、いじめがなぜ不正なのかを明らかにできたにもかかわらず、なぜいじめが辛いのか、なぜ自殺に至るまで追い込まれるのかを明らかにできていなかった。

教育学関係の定義はそのことを伝えようとする努力の現われであったと理解することもできる。それゆえ「深刻性」を強調するのであろうが、逆に、「深刻性」を強調すればするほど、「深刻」でなければ「いじめ」ではないのかとのパラドックスに陥ることになる。

このパラドックスを打開するためには、なぜ深刻になるのかについてもう一歩踏み込んだ考察が必要である。そこで、「辛さ」を考えるために「シカト」について検討した。シカトはなぜ辛いのであろうか。

　改めて、「名誉」、「コミュニケーションの相手として真面目に扱われる権利」、「人格権」の関係を考えてみよう。すると、ことば等で「名誉」が侵害されることで、あるいは直接に仲間はずれにによって、いじめ被害者の「人格を蔑視」してもよい、「共同生活に適さざる一種の劣等者」として待遇してもよいという雰囲気がつくり出され、それによって「コミュニケーションの相手として真面目に扱われる権利」が侵害され、そしてその権利は人間にとって最も基本的な要求であるがゆえに、いじめ被害者は人間として生きる権利を奪われたという絶望感に陥るということが分かる。であるがゆえに、いじめは自殺にまで至る深刻な被害をもたらすのである。それをひと言で言えば、いじめの本質は、人格そのものへの攻撃であると表現できる。

　また、暴力による「生命・身体・自由・財産」への侵害も、それが継続することによって「コミュニケーションの相手として真面目に扱わ」れていないという思いが募り、そのことによって「みじめな気持ち」＝人格を否定された気持ちに至ると思われる。

　つまり**定義Ⅰ**（100頁）が、人権侵害の重大なものがいじめだというとき、いかなる人権侵害が重大な人権侵害になるかと考え、それが人格攻撃に至り相手の存在を否定するときであると考えたのである。そうして、二〇〇六年段階で筆者は、いじめを次のように定義した。

　いじめとは、暴力による「生命・身体・自由・財産」への侵害を継続することにより、あるいは言葉や仲間はずれによる「名誉」・「精神的自由」への侵害を通して、相手から「コミュニケーショ

ンの相手として真面目に扱われる権利」を剝奪し、相手の人格を否定しようとする行為のことである（＝定義J）と。すなわち、いじめは、二重の人権侵害であり、前者の人権侵害をとおして人格そのものを攻撃するところにその本質がある。それゆえにいじめは辛いのである。

定義K　二〇〇七年文部科学省の定義

その後、文部科学省は二〇〇七年一月にいじめの定義を改訂した。それまでの文部科学省の定義は、すでに検討した定義Ｅ（85頁）であった。すなわち、①自分より弱いものに対して一方的に、②身体的・心理的な攻撃を継続的に加え、③相手が深刻な苦痛を感じているもの、（④⑤略）である。しかし、この定義による調査結果は、他の定義に基づく調査結果に較べるとあまりにも少なく、児童・生徒の実感に合わず批判を受けていたことはすでに指摘した。

そこで、文部科学省は、定義を厳格に解釈するあまり、教育委員会や学校がいじめと認定しない事例が相当数になると判断し、定義を新たに改訂した。それによれば、いじめとは、「当該児童生徒が、⑥一定の人間関係のある者から、⑦心理的・物理的な攻撃を受けたことにより、⑧精神的な苦痛を感じているもの」（○番号は筆者）とされた（＝定義Ｋ）。

この定義Ｋを改訂前の定義Ｅと比較すると、①「弱い者いじめ」、②「継続的」、③「深刻」の要件が消えた。ただし「継続的」は「一定の人間関係のある者から」に代わった。次に、身体的攻撃が、物理的攻撃に代わった。つまり、金品を奪ったり、物を壊したりする行為もそこに含まれるようになった。

この定義の特徴は、心理的攻撃という文言により、言葉やシカトによるいじめを含意しつつ、**定義G**（90頁）と比較すると、⑧精神的苦痛に重点を置いていることである。この定義によって、文部科学省が二〇〇六年のいじめ実態調査に取り組んだ結果は、一二万四八九八件と、前年の**定義E**に基づく調査のほぼ6倍となった。

諸定義の相互連関性

この**定義E**（85頁）、**K**と、**定義G**、**H**（95頁）とを比較すると次のことがいえる。**定義G**、**H**の基準は、人権侵害（＝犯罪）かどうかである。他方、**定義E**の基準は、継続的で深刻なことである。**定義K**はそれを外した。これに**定義I**も入れて、図示すると次頁の図のようになる。図について説明すると、人権侵害が生じている領域が、上の領域（Ⅰ、Ⅱ領域）である。継続性があって、深刻な被害が生じているのが、左の領域（Ⅰ、Ⅲ領域）である。
文部科学省の**定義E**、**K**には、人権侵害かどうかという問題に関心はない。**定義E**は、深刻な苦痛を生じさせているから不正だと答えた。**定義K**は、**定義E**が継続性、深刻性にこだわることによって、いじめを一部しか捕捉できなかったとの反省から、ともかく精神的苦痛が生じていたらいじめと認知することにしたといえよう。しかし、なぜそれが不正なのかに答えることは放棄したといえる。あるいは、相手が精神的苦痛を感じる行為をすることは、道徳的に問題があると

図４　いじめ定義の配置図

	継続性	継続性なし
人権侵害	Ⅰ領域 定義 G、H 定義 I	Ⅱ領域 定義 G、H
精神的苦痛	Ⅲ領域 定義 E、K （定義 I）	Ⅳ領域 定義 K

するのであろう。

定義Kによれば、**Ⅳ領域**の行為も学校が止めさせる責任を負うことになる。つまり、仲間はずれや悪戯により苦痛を感じている児童・生徒がいれば、それを止めさせるべきであると。ある意味で**定義K**（125頁）は、分かりやすい定義である。生徒に、嫌がっていることをしてはいけません、と先生は指導すべきであると要請しているのである。このことは、**定義K**に、「当該児童生徒が」という要件が付いていることからもうかがえる。しかし、学校でならば本当に**Ⅳ領域**に対して対応可能なのか。それができないとき学校や先生がいかなる法的責任を負うのか、つまり、いじめ被害者が学校に対していかなる権利を主張できるかは明確ではない。また、結局、精神的苦痛の程度（嫌がっているかどうか）によっていじめかどうかが決まるとすると、その基準は、我慢できるかどうかという程度問題に還元されかねない。そして、我慢する子がよい子であるという教育体系のなかでは、いじめ被害者は、よい子ほどいじめを認識しないということになる。大津いじめ自殺事件では、被害者がいじめであることを否定したので担任はいじめとは判断しなかった。さらに、いじめは絶対にしないと決意した児童・生徒からすれば、常に相手の気持ちを気にしなくてはならないという問題もあるように思われる。

これに対して、いじめは、人権侵害であるから不正であると答えていた**定義G**（90頁）、H（95頁）も、分かりやすい定義といえる。そして**定義G**の提唱者は、**Ⅱ領域**を捕捉しえない**定義E**（85頁）を批判する。他方、しかし**定義G**に学生が違和感を覚えると言っていたのは、彼らにとっていじめとして認識されてきたⅢ、**Ⅳ領域**が抜け落ちるからであろう。また、この定義からすれば、**領域**Ⅰと**領域**Ⅱとは程度の差としか区別されない。

こうしてみると**定義J**（122頁）は、この四領域を押さえながら、それを論理的に整序しようとした試みであった。右の領域（Ⅱ、**Ⅳ領域**）をいじめの手段として押さえながら、左の領域（Ⅰ、**Ⅲ領域**）に移行したときにいじめが完成したと捉える。いじめの本質を、人格に対する攻撃であり、被害者をコミュニケーションの相手として真面目に扱わない行為とみるからである。同様の理由から、Ⅰ、**Ⅱ領域**のみならず、**Ⅲ領域**も不正であると考える。**Ⅳ領域**で行われる行為はそれ単独では違法とはいえないが、それらが集中的かつ継続的に行われることで、人格への攻撃という人権侵害が生じていると考えるのである。したがって、**定義J**によれば、悪意による仲間はずれ、集中的かつ継続的な悪戯または人権侵害が、行ってはならないいじめとなる。人権侵害は単独でも許されないが、許されない人権侵害を集中的かつ継続的に行うところに、人格への攻撃をみるのである。

定義K2　いじめ防止対策推進法の定義

大津市立中学校におけるいじめに関する第三者調査委員会の報告書は、**定義K**（125頁）を使って、いじめであったと判断している（五二頁）。しかし、その調査報告書では「一定の人間関係のある者」という要件は、「力関係に差のある者から」と読み替えられていた。被害者本人は、最後の段階を除いて、「精神的な苦痛」を否定していた。にもかかわらず、当該被害者の「精神的な苦痛」を推定したのは、「力関係に差のある者から」の「心理的・物理的攻撃」であるがゆえに、周りの者でも、その「精神的な苦痛」を読み取れるとされたのだと思われる。つまり、**定義K**の⑧の要件は、主観的に理解されるべきではないと解釈されたのである。それによると、この定義の中心概念は、⑦の要件「心理的・物理的攻撃」ということになる。

この**定義K**を踏まえて、二〇一三年六月二八日に公布された「いじめ防止対策推進法」において、いじめは次のように定義された。

「児童等に対して、当該児童等が在籍する学校に在籍している等当該児童等と一定の人的関係にある他の児童等が行う**心理的又は物理的な影響を与える行為**（インターネットを通じて行われるものを含む。）であって、**当該行為の対象となった児童等が心身の苦痛を感じているもの**をいう。」と。これを定義K2と呼ぼう。

これは基本的には、この文部科学省定義Kと同様の定義といえるが、一部主語が、被害者から加害者へ転換され、「心理的・物理的な攻撃」は、「心理的又は物理的な影響を与える行為」へ置き換えられ、「(インターネットを通じて行われるものを含む。)」が付加された。定義Kと比較すると、こちらの方が、いじめ行為をさらに広く捕捉するものとなるが、他方、曖昧さが増大する(＝ますます解釈に依存する)ようにも思われる。

定義J2　本書の最終定義

法律ができた以上、それを意識し、それを適切な解釈で導きうるようにする必要性がある。これまでの検討を踏まえ、**定義J**(122頁)をもう少し厳格に定義することで、そのことに応えたい。**図4**(127頁)を念頭に置いて、定義を行っていく。その場合、法律家の意識は、どちらかといえば**I領域**に収斂していくが、現場の教師たちの意識は、**Ⅳ領域**が関心の中心であることも念頭に置いておかねばならないであろう。

J2の問題関心は、この四領域を捕捉しながら、その関係を論理的に整序することである。その際、いじめの本質を、「コミュニケーションの相手として真面目に扱われる権利」を剥奪することによる人格そのものへの攻撃に求める。

さて、**I領域**と**Ⅱ領域**の関係から始めよう。**Ⅱ領域**の人権侵害は、警察が介入すべきときもあり、そうでない場合もある。しかし、人権侵害であり不正である。そしてⅡ領域からⅠ領域に移行することによっていじめとなる。すなわち、Ⅱ領域における人権侵害が、集中的かつ継続的に行われることで人格が攻撃され、いじめとなる。人権侵害の具体的行為として、定義Ｊでは、「暴力による生命・身体・自由・財産への侵害」、「言葉や仲間はずれによる名誉・精神的自由への侵害」を挙げた。

ところで定義Ｋ２（129頁）には、「（インターネットを通じて行われるものを含む。）」という要件が加わった。インターネットで行われるのは、悪口による名誉毀損のほかにも、プライバシーの暴露、あるいはその人のプライバシーと思わせるような虚偽事実の暴露も含まれている。さらに、個人情報流出事件を見ると、そこには、自由・財産への侵害も含まれる。

そう考えると、定義Ｋ２の「心理的又は物理的な影響を与える行為（インターネットを通じて行われるものを含む。）」は、包括的で便利な表現である。しかし、それは包括的過ぎて、人権侵害を超えるものを含まれる。そこで、人権侵害行為をできるだけ具体的かつ簡潔に表現するために、次のようにいうことにする。「生命、身体、自由、財産、名誉、プライバシー等への侵害」。なお、主語を、加害者とするか、被害者とするかの問題がある。本書の目的が、被害者がいじめを認識できることであったことに鑑みると、被害者を主語とすべきであろう。

難しいのはⅣ領域である。Ⅳ領域で行われる行為は、定義Ｄ（84頁）が具体的に挙げていた。定義Ｋ（125頁）、Ｋ２によれば、これら具体的行為がすぐさまいじめとなるわけではなく、当該行為の対象となった児童等が心身の苦痛を感じたとき、いじめとなるとされる。したがって、学校では、嫌がっているのにこうしたことをやってはいけませんと教えることになるだろう。しかし、本人が「嫌と言ったか否か」は、別要件とする必要はないように思われる。大津いじめ自殺事件では、「プロレスごっこなどと言って一方的に殴」られているにもかかわれず、担任は本人に嫌だったかいちいち確認し、彼がそれを嫌だと言わなかったのでいじめと認定しなかった。これは当該担任が、本人が「嫌と言うか否か」を別要件と考えたゆえの悲劇であろう。「いじめられた子どもは、仕返しの恐怖、逆に仲間でいたいという思いあるいは屈辱を受けているという自分をさらけ出したくないという自尊心などから、いじめについて真実を語ることができないと言われる。こうしたことは、教育の場ではもはや常識」（大津事件調査報告書）とされる。したがってやはり、いじめ行為は客観化されるべきだろう。

もちろん、**定義D**の行為のなかでもふざけとして許容されるものもある。ただ、そのことを考えても、「集中的かつ継続的」悪戯は、必然的に精神的苦痛を発生させるので、いじめと認定すべきであると思われる。なぜ精神的苦痛が発生するかといえば、人が嫌がる行為を繰り返すことにより、それは、いじめ被害者の存在を否定する人格に対する攻撃になっているからである。

次に、「無視をしたり仲間はずれにする」行為を特に取り上げて検討する。先にシカトを検討した時、村八分は、「該特定人の人格を蔑視し共同生活に適さざる一種の劣等者を以て待遇せんとする」ゆえに、人権侵害であり、許されないと結論づけた。そして、それゆえに、それに類するシカトは不正であると。

しかし、「仲間はずれ」と、「所属する集団」において「共同絶交する旨決議するが如き行為」とは同じと考えてよいであろうか。というのも、人には政府とは違って、誰と友達になるかの自由があるからである。逆に言えば、誰を仲間としないかについて自由であるともいえる。では、この二つの要件は、どういう関係になるのであろうか。

「仲間」と「所属する集団」とは同じと考えるべきであろうか。もちろん、仲間でありたいと思っているグループから突然排除されるという行為が、排除された者をどれだけ苦しめるかは、痛いほど理解できる。それゆえ、仲間はずれは、その対象者を恐怖心で縛り、自由を剝奪する行為といえる。**定義K**（125頁）によれば、それは心理的攻撃に該当するだろう。

しかし、友達を選ぶ権利は誰にでもあるということ、したがって、「仲間はずれ」が単に、仲間としての親密な関係から当該対象者を排除する目的で行われた場合、それを不正とはいえないだろう。他方、「仲間はずれ」が、人を操作する手段として使われる場合もある。それは道徳的には正しくない。しかし、その対象者が、その「仲間」の従属関係のなかで友達関係であることを選ぶならば、外からとやかく言うべきではないともいえる。もちろん、そこで人権侵害が行われれば別である。しかし、その場合は、人権侵害だけを問題にすればよい。他方、「仲間はずれ」になったとしても従属関係を拒否する者も出てくるだろう。その場合、「仲間はずれ」をした者は、その脅しが効かなかったことに悔しさを感じ、当該対象者を「仲間はずれ」にした理由をあれこれと、「仲間」以外にも言い募るかもしれない。

この言い募る相手を「所属する集団」ということができる。いじめには、いじめを行う者と、はやし立てる者、傍観する者がいることが指摘されていた。つまり「仲間はずれ」を行った「仲間」がいじめ加害者であるとすれば、クラスにはそれ以外の、はやし立てる者、傍観する者がいて、「所属する集団」を形成していると考えられるのである。

もう一度、先の岡山地裁判決を見てみると、そこでは村八分とは、「共同生活圏の外に排除する」行為とされていた。つまり、仲間としての親密な関係から排除する行為と、「共同生活圏の外に排除する」行為とは区別されていると読むべきであろう。つまり、自分たちの仲間を維持したいというのは、ある意味で防御的な行為である。これに対して、「仲間はずれ」が、ある集団の親密圏を守ることを超えて、クラス全体に、その児童・生徒をコミュニケーションの相手として扱わせないという意図を持つとき、あるいは影響力を及ぼすようになるとき、それは、「所属する集団」において「共同絶交する旨決議するが如き行為」に匹敵する行為となると考えてよいように思われる。

こうして定義Ｊ２導かれる。すなわち、「いじめとは、特定の者が、集中的かつ継続的に、悪戯または人権侵害（生命、身体、自由、財産、名誉、プライバシー等への攻撃）を受け、あるいは、悪意ある仲間はずれにより所属する集団からコミュニケーションの相手として真面目に扱われる権利を剝奪され、その人格を否定される行為である。」

加害者を主語にすれば、「いじめとは、特定の者に対し、継続的かつ集中的に、悪戯又は人権侵害（生命、身体、自由、財産、名誉、プライバシー等への侵害）を行うことにより、あるいは、所属する集団にその者をコミュニケーションの相手として真面目に扱わせないことを目的とする悪意ある仲間はずれにより、その人格を否定する行為である。」となる。

第一章で、「いじめの発生場面で、解決への一番の鍵を握っているのは、大多数の傍観者」という意見を紹介したが、いじめを見ている者が、いじめ行為を止めさせる勇気がないとしても、「あなたは一人じゃない、あなたが大切」と伝えることができれば、人格の否定は成功しない。すなわち、いじめは未遂に終わる。

学生Xへの回答

これらの検討を踏まえて、学生Xへの回答に取り組もう。彼は次のように書いていた。

「僕（X）がいじめをしたときの話をします。僕がいじめたのはそれまでは友人（Y）でした。しかしその友人が僕の彼女の悪口をクラス中に広めました。僕はそんなでたらめなことを言った友人に謝罪を求めましたが、拒みました。それ以後、僕は彼を無視するようになりました。クラスのみんなも僕に同感して、クラス中で彼を無視することになりました。それで彼は登校拒否になりました。この話では一体誰が悪いでしょうか？　僕は、彼がそのようなことをしなければこのようなことは起こらなかったと思います。」

この事例を、定義K、K2、J2で考えてみよう。なお、以下の検討は、Xの言い分が正しいと仮定してのものである。

定義K（125頁）は、「当該児童生徒が、一定の人間関係のある者から、心理的・物理的な攻撃を受けたことにより、精神的な苦痛を感じているもの」であった。Yが心理的苦痛を感じたのは、彼が不登校になったことでも分かる。問題は、XがYを無視したことが、心理的攻撃か否かということになろう。Xの主張は、攻撃したのではないし、仮にいじめだとしても、正当防衛だと言っていることになる。

定義K2（129頁）は、「……心理的又は物理的な影響を与える行為（インターネットを通じて行われるものを含む。）であって、当該行為の対象となった児童等が心身の苦痛を感じているものをいう。」である。Kの「心理的攻撃」から「心理的影響を与える行為」に代わった。これによれば、XらがYを無視した行為は、明らかに「心理的影響を与える行為」に当たる。つまりいじめである。正当防衛に当るかどうかは別にして。

では、**定義J2**（130頁）で考えるとどうなるのであろうか。その前に、確認しておきたいことがある。つまり、いじめと認定することの意味は、誰かにそれを止めさせる責任を生じさせるということにあるということである。

教室が、自然権を相互に尊重しようという原契約が存在しないホッブス的な自然状態であったならば、そこは万人の万人に対する闘争の世界であって誰にも責任はない、弱肉強食の世界である。原契約が存在するロック的な自然状態であったとしても、先に彼女の名誉を傷つけられたのだから、それに対する報復は当然で、誰にも責任はない。しかし、自然状態には共通の裁判官が存在しないため、自然権の侵害を十分に阻止しえないし、また、その裁定が正義に基づいて行われるとは限らない。そこで、人々は自然権の一部を譲渡して政府を樹立する。政府が樹立されれば、紛争は政府が法と正義に基づいて裁定することになる。私刑（リンチ）は禁止される。

では、教室の中は自然状態なのであろうか。自然状態でよいのであろうか。「お前は世界で一番かわいい」と言って育てられ、社会のルールも知らない子どもたちが突然、教室に集められたのである。そのままで放置されれば、そこはホッブス的自然状態であろう。しかし、それでは誰も子どもを学校にやらないだろう。そこで、教室には教師がいて、教室における政府となり、秩序を整える。いじめだと認定することの意義は、いじめだと認定されれば、教師はそれを放置すべきではないという規範がはたらくということである。

では、教師は、この状態に介入すべきなのであろうか。それが問題の焦点である。

彼女の悪口を言われたXがYと絶交したのはよく分かる。またYの気持ちも分かる気がする。きっとYは、彼女にXを盗られたような気持ちになったのであろう。謝罪を求められて一層意固地になったものと思われる。

こうした場合、XがYを無視したからといって、少なくとも教師に介入の義務はないだろう。つまりいじめではない。しかし、Yがゆえなく彼女の悪口を言ってまわったというのが本当なら、そして彼女から先生へ訴えがあったならば、先生には注意すべき義務がある。それは、いじめだからというより、Yの行動が彼女の人権を侵害しているからである。彼女が訴えないとすれば、Xが教師に訴えてもよいであろう。そこまでやったのに、先生は動いてくれなかったというならば、Xが自力救済に走っても正当防衛といえるかもしれない。Xのいじめが正当防衛であったというためには、まず、先生に訴えたかが問われるべきであろう。私刑は禁止されるべきだからである。

しかし、小学生ではないのだから一々教師に言いつけるべきではないとXはYをいじめることにした。XがYを無視しただけなら「いじめた」と書くだろうか。では、どうやっていじめたのだろうか。

問題は、「クラス中で彼を無視することに」なったことである。なぜ、そうなったのか。クラスメイト一人ひとりが、Xと親密な友人関係であり、結果的に全員がYをシカトしたということは考えにくい。では、Xがそれをクラスメイト全員に要請したのであろうか。もしそうであれば、Xの発案によって「所属する集団」において「共同絶交する旨決議するが如き行為」が行われたことになる。結果、Yをクラスにおいて「共同生活圏の外に排除」するに至る、村八分と同様のことが行われた。Xが発案していないとしても、Xがクラスのボス的存在であれば、彼の意図をおもんばかってクラスメイト全員が、そうした行動にでたということになる。

そうでないとしたら。Yはきっと友人を失ったショックで、失恋者と同様、無気力な状態に陥っていたと思われる。こういう状態のYであれば、いじめても反撃できないだろうし、面白いからクラス全体でいじめてやれということで、「クラス中で彼を無視」したのかもしれない。

いずれにせよ、Yは、「悪意ある仲間はずれにより所属する集団からコミュニケーションの相手として真面目に扱われる権利を剝奪され」た、のであるから**定義J2**（130頁）からすれば、いじめである。したがって、教師にはそれに介入し止めさせる義務が発生する。いじめの首謀者は、前者であればX、後者であればこれを主導した生徒ということになる。

それに対して、Xからは、正当防衛という反論がなされるであろう。しかし、私刑は禁止されるべきこと、そしていじめによる制裁は、矯正的正義に反することを伝えるべきである。矯正的正義とは、相手に与えた被害に対して、どの程度の罰がその被害と釣り合うかという問題である。一万円盗んだ行為に対して死刑という判決が不当に重いのと同様に、シカトは、人間性に対する極めて重大な侵害であり、不当に重いので禁止されていると伝えるべきである。

YがXの彼女の悪口を止めないのだから、制裁としてクラス全員によるシカトは仕方が無いという反論もあろう。しかし、大審院判決は、「正当の理由なきに拘わらず」、村八分という制裁は許されないとしていた（113頁）。その理由を考えれば、私刑は禁止されるべきであり、かつ、村八分は不当に重い制裁と考えたからであろう。「正当の理由」があって制裁を望むなら、告訴、告発するか民事裁判に訴えよ、ということになる。この事例でいえば、クラス全員でシカトする前に、先生に訴えるべきであったということになる。

そのためにも、クラス内の秩序に責任を負っているのは教師であること、すなわち、Yを懲罰する権限は教師にあるのであって、Xにはないことをハッキリさせておく必要がある。もちろん何かあるたびに生徒たちが教師を頼ってくるのは、子どもたちの自立という観点からみると望ましくはない。しかし、彼らの間の紛争解決の方法が、度を過ぎる時、教師はそれを止めさせる権限があり、責任がある。もちろんそれが容易でないことは理解できる。しかし教師に責任があることを覚悟して問題に立ち向うならば、様々なアイデアを子どもたちとともに生み出すことができるだろう。

いじめを行ったことがあるという学生の感想を読んでも、軽い気持ちでやった、面白いからやったというものが多かった。つまり、相手に深刻な苦痛を与えているという想像力に欠けている。担任は、そのことを自覚させ、クラス全体でのシカトを止めさせるべきであったと思われる。そのうえで、Yへの制裁を考えるべきであった。そうしないことに、学校の故意、過失があったと認定された場合には、国賠法に基づき、学校設置者に法的責任を認めるべきであろう。というのも、学校は、**定義F**（88頁）がいうように、いじめが発生しやすい空間であり、そのような空間に子どもを強制的に集めるのであれば、いじめが生じないような注意義務が存在して当然だからである。いじめ防止対策推進法が成立した現在、なお一層そのことが要請されている。

しかしながら、法的責任云々を言う前に、学生Xの感想を読んでの感想は、昔であれば、Xらにもういい加減で止めておけと言う、あるいはYの相談に乗ってくれる、友人や先輩や先生がいただろうに、と思わざるをえない。シカトの痛みを知ることも一つの勉強であるが、それはそうした人間関係を前提にしていたように思われる。そうした人間関係が失われているなかで、シカト等のいじめが行われた場合、それは歯止めを失い、過激で危険なものになる怖れが待ち受けている。**定義F**が論じている事態はまさにこの事態であろう。若者のコミュニケーション能力の欠如を嘆く前に、こうした事態を改善していく必要があろう。それが大人社会の責任である。第一章問11で紹介した父Pの意見（41頁）もそのことを述べていたように思われる。

一人シカトはいじめか

学生からの感想に、一人シカトはいじめですかというのが時々ある。それは通常、いじめとはいわないであろう。誰でも、嫌いな人、許せない行為はあるだろうし、それを無理に、仲良くせよとはいえないからである。しかし、本当に当人一人が相手にしないだけなのか、裏で、画策しているのかは分からないことも多い。また、彼または彼女が影響力のある人物で、言葉や態度によって「該特定人の人格を蔑視し共同生活に適さざる一種の劣等者を以て待遇せんとする」ことに成功する場合もある。これを本書では悪意ある仲間はずれと呼んだ。こうした場合はいじめといえるであろう。

別の学生の感想に次のような意見があった。「いじめられたらその子と付き合うのをやめたらい い。それは正論だし、理想だと思う。でも実際はリーダー格の子が大勢の子に裏で手を回している場合が多いから、いじめっ子と付き合うのをやめたら、一人も相手にしてくれなくなることが多いと思う。」と。

いじめ首謀者は、それによって対象者をコントロールしようとしているのであろう。このような場面に直面する生徒たちには、世間を広く見る強い力を養っていって欲しいと願う。昔から「捨てる神あれば拾う神あり」という。自分を大切にする限り、あなたのそばにいてくれる人が、きっと見つかるはずである。いじめを行ってリーダーになろうとする者は、結局、自分の品格を、自分の魂を傷つけている。いじめに頼っている限り、本物のリーダーにはなれないのである。

第三章　いじめにNOと言える教室づくりを憲法から考える

これまでいじめとは何かについて考えてきたが、これからは、いじめられている人はどういった権利を持つかについて考えていきたい。たとえば、いじめを定義できたとして、いじめられないことが権利となるには、誰かがそれを保障する必要がある。それは警察や裁判所なのか、あるいは教師、学校なのか、それとも教育委員会なのであろうか。これは、あれかこれかという問題ではないだろう。それぞれに責任があるというべきである。では、それらはどのように責任を分かち合うのか。

この中でもっとも責任を負うべきなのは、やはり身近にいる教師であろう。しかしその教師が責任を果たさないがゆえに、いじめ自殺が続いているともいえる。教師はいかなる責任を負うべきで、なぜそれが果たせていないのだろうか。この章では、教師、学校がどのような病気にかかっているか診断し、それに与えるべき処方箋を考える。

自然権と国家

権利とは、「主張や要求が正当と認められ、それゆえ、ある機関又は人に、それに応答する責任（義務）を負わせることができること」と定義できる。例えば、YがXにいじめられているとしよう。Yは当然Xにいじめを止めて欲しいと思うだろう。そこでYは、いじめ概念を勉強して、これはいじめだと確信し、Xに、これはいじめだから止めてくれと言えたとする。しかしXが聞かない時どうするか。泣き寝入りするのが嫌なら、喧嘩に勝つか、仲間を呼んできて助けてもらうということになる。しかし、どちらもできないからいじめが続いているともいえる。その場合、Yはどのような権利を持つのだろうか。

先に見たように、ジョン・ロックはこの状態を自然状態とよんだ。そしてロックは次のように考えた。自然状態には共通の裁判官が存在しないため、自然権の侵害を十分に阻止しえない。そこで、自然権をよりよく確保するために社会契約を結び、自然権の一部を社会に譲渡して権力を生み出すと。この権力は、個人が保有していた自然権をより良く保障するためのものであり、自然権に拘束される。それが国家すなわち政府である。人民は政府に税金を集める権限、警察権力を行使する権限を与える代わりに、政府に、人権を侵害したものを罰するように命ずる。これが社会契約（国家と社会の契約）であり、憲法が社会契約と呼ばれる由縁である。

自然権が権利であるのは、生命、自由、財産を侵害する行為は許されないという、社会のなかでの合意があるからである。これを原契約（社会の中での契約）と呼ぶ。すなわち、社会において、

「主張や要求が正当と認められている」。次に、この原契約を実効化するために作られた政府には、自然権侵害から国民を守る責務があるからである。つまり、自然権を侵害された国民が、政府にそれを止めさせろと要求すれば、政府は、「それに応答する責任（義務）を負」う。そのため、国家は、憲法に規定された人権を保障すべく、国会は法律を制定し、内閣や裁判所は、法律を解釈、運用し、適用する。

法意識、法規範、法制度、法関係

この関係をいじめ問題に応用してみよう。いじめを止めさせることが権利であるためには、その行為は不正であるという共通の認識が必要であるとともに、その不正な行為に対してそれに応答する義務のある人や機関が明確になってはじめて権利ということができるということになる。

そのためにはまずどういういじめが不正な行為であるかという共通の了解が必要である。つまりそのいじめは放置しておいてよいという意識が一般的であれば、止めてもらう要求は権利とはならない。またその定義が様々であるということは、ある行為がいじめとして止めてもらえるかもしれないし、もらえないかもしれないということを意味する。政治学者や法律家のいじめ概念が人権侵害にこだわるのは、人権侵害ならばすでに社会契約が成立しているからである。すなわちその侵害を止めてもらう要求が権利とみなされるからである。

次に、いじめを防いでもらうことを権利たらしめるためには、止めさせる義務を負うのは誰かが問題となる。いじめ加害者Xはこの義務を負うだろうか。もちろん原契約からすれば負っている。

しかし、にもかかわらずXはその契約を破っているのである。それは社会に対する反逆である。ロック的に言うならば、すべての人間の自由は平等であるはずにもかかわらず、他人をいじめるのは、自らその平等を捨てたもの、すなわち人間の尊厳を自ら捨てた者＝「猛獣」＝「危険有害な動物」として自分を万民に宣言したことに他ならないということになる。したがって教室という社会において、いじめ行為は同級生から責められるはずであり、そのことにより防がれるのが望ましい。それが健全な社会である。

つまり、いじめを止めてもらうことが権利となるかどうかは、まず、人びとの間に、いじめについて共通の理解があり、それは止めさせるべきだという意識があれば、それは権利となるのである。これを法意識と呼んでもよい。この意識を形成すれば、いじめはなくなると考えるのが道徳教育である。

しかし、社会が常に、人権侵害を防止できるとは限らない。また、自由と自由がぶつかった時、どちらがどの程度譲歩すべきか自明ではない。例えば仲間はずれを例にとれば、Yとは友達になりたくないというXの自由と、仲間はずれになって人格を侵害されたくないというYの要求がぶつかっている。人は天使ではないゆえに、政府をつくり、行ってはいけない行為、許される行為を明記した法律を作らせ、法に基づいた裁判を要請したのである。

このことをいじめに即して考えれば、「いたずらや嫌がらせ」と「いじめ」の境界は子どもにとって判断が難しいので、やってはいけないいじめ行為を定義した法律が必要であるということになる。またそうした行為（構成要件という）にはどのような罰が与えられるかも明記する必要がある。これを罪刑法定主義という。つまり、いじめを止めてもらうことが権利となるかどうかは、いじめは不正であるという意識が形成され、次には、それに対応する法規範が存在することが重要になる。

図Ｉ　長谷川の描く、法意識、
法制度、法規範、法関係の関係
（「法の現象形態」290 頁の図）

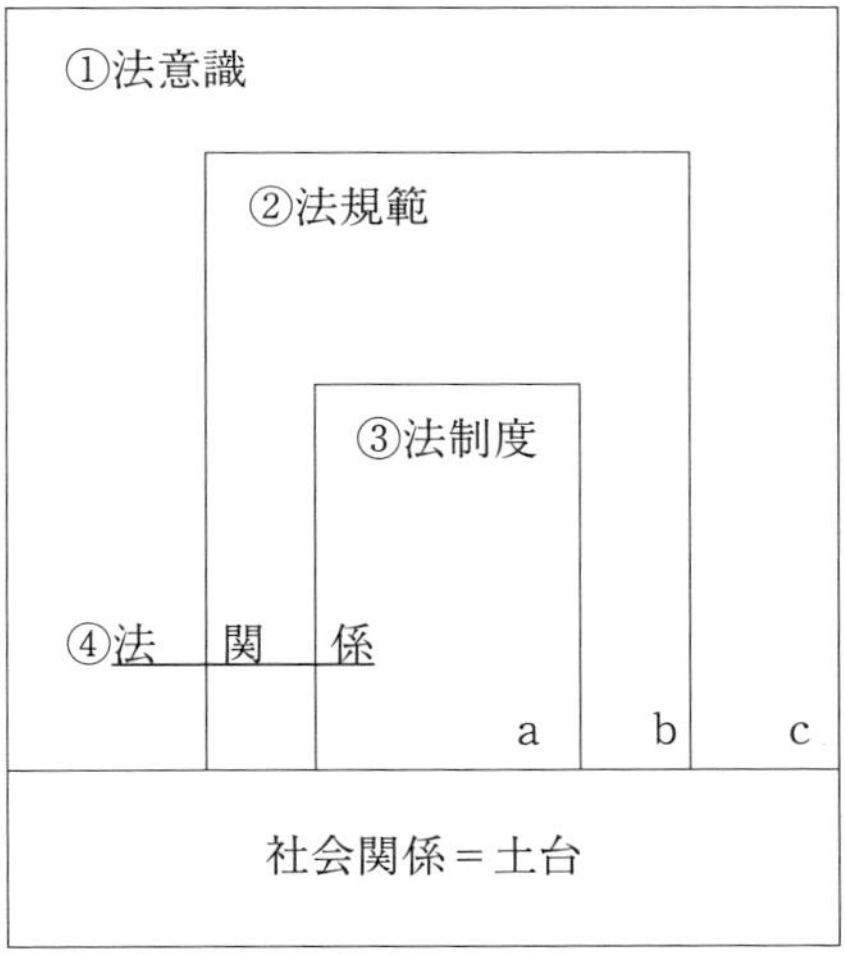

そして仮にこうした法律があればそれに基づいて、なければ関連する憲法の条文や法律に基づいて、警察がいじめ行為を取り締まり、裁判所が、法律に基づいていじめを裁くとき、それは権利となる。つまりあることが権利となるかどうかは、法制度（裁判所、学校、警察など）がどういう意識で規範を理解し動くのかという動向をも見ておく必要があるということになる。

すなわち法意識、法規範があっても、

法制度がそれをいじめだと認定し、止めさせるべきだと考えなければ、ある行為をいじめと認定し止めさせてもらうことは権利ではないということになる。このように、権利関係を総体的に認識しようとすれば、①法意識、②法規範、③法制度とそれらが織りなす法関係を見る必要がある。このように、法関係には三つの構成要素があり、それを総合的に認識すべきであると主張したのは、憲法学者長谷川正安の『憲法学の方法』であった。したがって長谷川によれば、法制度③の一つである裁判官の法意識は特に重要であって、憲法、法律などの法規範②を、彼らの法意識①によって解釈し権利と認めた時、権利が成立することになる。彼はそれを法関係と呼んだ。

しかし、制定法がなくても、人びとの法意識がそれをいじめだと認定し、止めさせるべきだと考えていれば、ある行為を止めてもらうことが権利となる場合もあるのは先に述べた通りである。つまり国家制定法がなくても社会の中で、権利関係は成立しうるのである。（図Iでいえば、cの領域のみでも法関係は成立しうる）。社会の持つそうした規範意識を重視すべきだと述べたのは、法社会学を提唱し、民法学に革新をもたらしたと評された末弘厳太郎（すえひろ　いずたろう／一八八八〔明治二一〕年—一九四六〔昭和二六〕年）である。後に長谷川は「法の現象形態」という論文のなかで、自らの発想が国家制定法中心主義で、末弘ら法社会学の問題提起を十分に反映していなかったと反省し、法関係を単独の要素として独立させ四要素説に改説した。

長谷川のこの図のもう一つの特徴は、法規範がどこから生まれるかという認識論的問いに答えようとしたことである。末弘は、法規範は社会にある法意識から生まれると考えたが、長谷川は、国家が法規範を定め、それが社会において法意識を生みだすこともあると指摘した。つまり、社会関係から法関係が生まれ、法関係から社会関係が生まれると答えたといえよう。

しかし長谷川の①②③④の関係図は、事実解明的分析のための認識図にとどまり、実践の問題については、この関係を総合的に認識しながら、場合場合で実践的に対応していくしか無いと言うに留まった。(中富公一「『憲法学の方法』(一九五七年)の成立」を参照願いたい)。また、法関係を独立した要素としながらも、法制度を裁判所中心に見る点で、やはり裁判規範中心主義の発想を脱し切れていないように思われた。

いじめ問題をめぐる法関係

右で述べたことをいじめ問題に当てはめれば次のようになる。すなわち、いじめを止めてもらうことが権利となるためには、国民の意識がそれを正当な要求だと思うようになり、それが法律に規範化され、行政や裁判所が動いて初めて権利となるということになる。あるいは、長谷川の指摘も踏まえれば、国民の意識が遅れていても、法律を制定し規範化することにより国民意識が変わることもありうる。しかし長谷川の初期の認識では、いずれにせよ法意識、法規範、法制度が動いて初めて、ある要求は正当な権利となると考えられた。

これに対し、法社会学が明らかにしたのは、国家という制度が動かなくても、ある社会領域で、いじめを許さないという法意識が確立していれば、いじめを止めてもらうのは権利になりうるということである。逆に言えば、法律が制定されていても、ある社会のなかでいじめが許容される文化が存在するならば、いじめはなくならないということになる。ここでいう「ある社会」とは、すもう部屋、日本野球機構、サークル、会社、政党、学会、宗教団体、労働組合、町内会、やくざの組など様々に存在する社会制度（＝部分社会）である。これらを部分社会と呼ぶことにする。

教室の中の児童・生徒関係もその一つと考えられる。例えば、生徒たちの間で、あのいじめは止めさせるべきだという共通意識（これを行為規範と呼ぶ）があれば、法律がなくても、法関係は成立しうる。そしてその意味での規範は、部分社会ごとに多数存在し、多様である。ただそれは、法規範（特に憲法）からみて望ましいと思えないものもある。いじめ問題を考察する本書の課題は、生徒たちを実際に縛っているこの行為規範の正体を明らかにし、それと憲法や法律との関係を再構築することである。いじめを容認している文化があるとすれば、それをいかに変えていくことができるかを検討することである。

部分社会の法関係

ところで本書は、いじめ問題を解決するには、**定義Ｊ２**（130頁）を国民が共通の法意識とすべきであると考えている。では、法関係を裁判規範中心に捉え、必要なのは、**定義Ｊ２**を構成要件とし、これに相応しい罰則を規定する法律を制定し、その行為を警察に取り締まらせ、裁判で裁くことであると主張するべきであろうか。いじめが無くならないのは、そうしないからだと。

しかし、それは現実的ではない。例えば、児童Yが児童Xの靴を隠し、給食に異物を入れたとする。そうした行為が行われるたびに、Xは警察に訴え、警察は誰が犯人か捜査し、それが継続して行われていたかどうかを確認し、その捜査に一定の裏付けがとれたら、検察はYを起訴し、裁判が行われるということになる。しかしながら現実にこんなことをしていたら、キリがないであろう。子どもたちのいたずらや嫌がらせは毎度のことであろうし、これにその度に警察が捜査に乗り出し、裁判を行っていたら、警察官、裁判官が何人いても足りないだろう。また仮に、それだけの人数を揃えることができたとしても、そうすることは子どもたちの成長にとって望ましいとは思えない。

では、いじめ防止は道徳教育に任せるべきであろうか。しかしこれまで多くの道徳教育が取り組まれているがいじめはなくなっていない。子どもといえども天使とは限らないからである。それに対し、本書は、いじめ問題を解決するのに、学校という部分社会の独自性を認めた上で、憲法に照らしその内部規範を改善し、教師の責任を明らかにすべきことを主張する。そこで本書が注目するのが部分社会論である。学校という部分社会でこそ**定義J2**は活用されるべきであると考えている。そのことによっていじめを止めてもらうことは権利となるのである。

図Ⅱを見て欲しい。これは法実践を念頭に置きながら、**図Ⅰ**（147頁）を修正し、横から見た図である。法制度を、ⅠとⅡとに分割した。**法制度Ⅰ**として裁判所、警察など、**法制度Ⅱ**として学

図Ⅱ　本書が考える法意識、法制度、法規範、法関係の関係

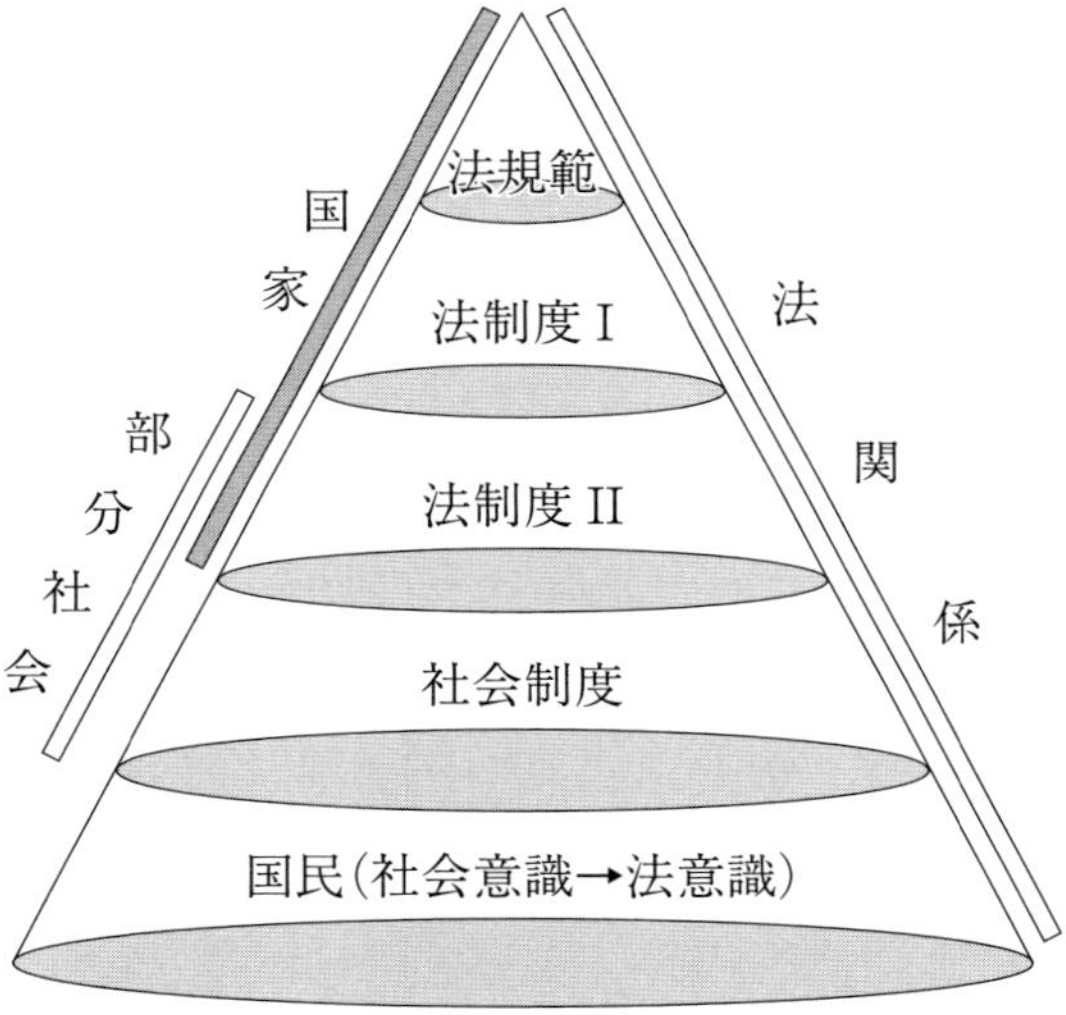

校や教育委員会などを考えている。

国民の社会意識は、権利義務意識のフィルターを通して法意識となる。国家（**法制度Ⅰ**、Ⅱ）は法規範に従わなければならない（法の支配）という意味で、法規範も国家の一部であり、図の最上部に置いた。ただし、その頂点にある憲法は、国家と社会との契約（社会契約）である。

法制度Ⅱの部分社会である学校の法関係について考えてみよう。学校という社会は、ちょうど、社会制度と法制度の接合部分に位置し両者の性格を併有する。だからこそ問題が複雑に絡まっている。教室の中の児童・生徒達の人間関係は、社会そのものである。そして、この子どもたちの社会内部には独自の法意識がある。しかし国公立学校は、国家（地方公共団体を含む）の組織の一部であるので、法令、教育委員会の指示に従わなければならない。

部分社会としての教室の秩序

いじめは通常、教室あるいは学校で起こる（場所は学外の場合もあるけれど）。

教室の中のいじめに関する児童・生徒たちの意識は多様であり、規範としては未成熟であろう。また教室毎にいじめについての意識は異なっているかもしれない。これに対し、学校や教師は、**定義A〜K**あるいはそれ以外の規範意識によって、児童・生徒たちに臨んでいる。そして文部科学省は**定義K**（125頁）を推奨していた。いじめ防止対策推進法が成立した現在は、**定義K2**（129頁）が規範とされるであろう。

部分社会の内部問題に裁判所は介入すべきでないというのが最高裁判例である（この裁判所の部分社会論については、本書第五章「部分社会と国家」（244頁）でさらに詳しく扱う）。というのもX君がこづいたとか、Y君が悪口を言ったという度に、そうした争いが裁判所に持ち込まれるとすれば、すなわち「もし裁判所が一々特殊的な法秩序に関する問題にまで介入することになれば、社会に存するあらゆる種類の紛争が裁判所に持ち込まれることになり、一方裁判所万能の弊に陥るとともに、他方裁判所の事務処理能力の破綻を招来する危険なきを保し得ない」（米内山事件最高裁判決、裁判官田中耕太郎の少数意見）からである。

つまりそのような紛争は自分たちで解決すべきだし、解決する能力を獲得すべきであり、と同時に、そのような紛争すべてにつきあっていたら裁判所はパンクするというわけである。ではどうするのか。まずは部分社会の規範で紛争を解決しなさいというのである。そして、その紛争が、一般市民法秩序に直接関係する場合に、裁判の対象にすると（富山大学単位不認定事件等確認請求事件最高裁第三小法廷判決）。では、「一般市民法秩序に直接関係する場合」とはどういう場合であろうか。これに答えているのが、**定義Ｉ**（100頁）なのである。

定義Ｉによれば次のようになる。「集中的、かつ、継続的に暴行を受け又は悪戯をされている事実」により、「生徒の生命は勿論、身体、精神、財産等に重大な危害が及ぶことが現実に予想されるような」とき、裁判所は、学校の責任を問い、加害者を罰すると。つまり重大な人権侵害が行われているということは一般市民法秩序を侵犯していることになるのである。

個々のいじめ行為に裁判所は介入しないけれど、その結果、重大な人権侵害を引き起こすことがあれば、裁判所はその責任を問うというわけである。そこには、教室内の子どもの人権は教師によって守られるべきであり、そこに問題が生じたとき、つまり「一般市民法秩序に直接関係する場合」に、裁判所が介入するという考え方がある。そして、そのことによって部分社会のルールが改善される、すなわち、学校はいじめ行為を監督し、いじめっ子は自制するだろうという期待がある。

それはそれで合理的な考え方であると思われる。国民は本来、自律的に考え行動する能力を持っていて自由であるというのが憲法の考え方である。したがって自由を保障し、その結果、他者に迷惑を掛けたならば責任を取らせるというシステムを取っている。そのことで、自律的個人であれば、そうした行為をしないようになるだろうと期待しているのである。なお期待に添えない人物は刑務所等に収監されることになる。

いじめ問題の一つの問題は、この期待に基づく抑止効果がはたらいていないことである。裁判構造そのものは合理的であるとして、いじめがなくならないとすればどこに問題があるのであろうか。ここからがいじめ問題に固有の問題ということになる。

大人であれば、罪を犯せば刑罰が待っていることを知っていて、それを踏まえて行動する。したがって、先の司法システムで抑止効果がはたらくのである。しかし子どもは、遊びだと最後まで強弁する子もいるように、いじめを罪だと思っていないし、仮にいじめとされても刑罰が科されることは稀である。だからこそ、学校における教育が重要なのである。

では、その学校はどうなのだろうか。学校は学んでもよいはずである。それでもいじめがなくならないとすれば、現状でよいと思っているか、あるいは他にどうしようもないと思っているということになる。これでよいと思っているとすれば、間違った努力をしているか、いじめが起こっても責任を問われない体制を作っているのであろう。

教室の病《やまい》1——隠蔽体質

なぜ責任を問われないかというと、事実を隠蔽できるからである。部分社会には部分社会の秩序があると述べたが、教室の秩序には、いじめ事実を隠せというルールがあるようである。これは、かばい合いの精神（いじめ被害者を犠牲にして）と、学校の評判を落とすなという規範意識に支えられているように思われる。私の属する大学の企画で、教育委員会の職員に来ていただきいじめへの取り組みを聞く会を持ったが、その時参加していた学生の一人が、中学生の時いじめ自殺事件があったが、学校も教育委員会も生徒たちの話を聞いてくれず、隠蔽したと不信感をぶつけていたのが印象的であった。大津いじめ自殺事件でも、調査員が学校に行くと、生徒たちが話を聞いてくれと集まってくるとテレビで言っていた。そう言っていたのは調査員の一員に任命された尾木直樹であるが、生徒たちが言うには、学校に言っても聞いてくれないのだという。

さらにいじめの実態を知ろうとする親に対する嫌がらせもあるという。いじめによりわが子を失った親が、学校にどんなことがあったのかを知りたいと事実の解明をはじめると、途端に学校はそれまでの同情的なポーズを振り捨て、親のこの行動を妨害しようと、事態の取り繕いと事実の隠蔽を図り、まわりのPTAや地域住民もこれに迎合し加担するという状況が現出するという。いじめによる生徒の自殺は、学校の汚名のように受け取られ、学校の名誉を守るためという名目で、学校と地域社会の連合体ができあがる。事実を究明したいと願い行動に移した親は、被害者であるはずなのに、あたかも学校を責め立てる加害者であるかのようにみなされ、地域で冷視され孤立させられることになる。「こんどは、わたしたちがいじめられています」とは被害者の親の言葉である。(中川明編、二四頁)。

大津市立中学校におけるいじめに関する第三者調査委員会報告書には、「今回の事件における教育委員会への世論の批難は、『市教育委員会の隠蔽体質』という一点にあった。その信頼を回復するには、相当の努力が必要である。」とある。

その調査報告書によると、学校や市教育委員会も当該いじめ自殺の調査を行っているが、その調査を始める前から、いじめと自殺との因果関係を否定しようとする意図が明白であったとされる(八八、一二四頁)。これでは最初から結論ありきの調査といわれてもしかたがない。

しかし自らの責任が問われる可能性のある調査を、自らが調査すればそうなるであろう。責任を問われる可能性のある学校に調査を任せること自体に問題がある。にもかかわらず学校を支援監督する立場にある教育委員会は、「事実調査は学校がするものという発想をして」いる(一三一頁）という。それに対して、今回の事件で大津市が第三者委員会を立ち上げたことは高く評価できる。学校や教育委員会の隠蔽体質を糾すことがいじめ問題解決への一つのステップであろう。

次の問題は、教室という部分社会において、いじめを解決する秩序あるいはルールがどうなっているかである。教師たちは間違った努力をしているのではないか。何が問題なのであろうか。

教室の病《やまい》2――喧嘩両成敗

学校で教師が子どもたちに、「仲良くしなさい」「我慢しなさい」と言っていることは容易に推測できる。それにもかかわらず喧嘩が起こると教師はどういう行動を取るのであろうか。おそらく喧嘩両成敗の原則の下に両者を叱り、反省させたうえで、以後仲良くしなさいと言って、ことを収めているのではないだろうか。そう思って、インターネットで、「いじめ、喧嘩両成敗」で検索をかけてみた。すると案の定次のようなコメントが現れた。ここで取り上げるS先生は、道徳授業の教材を開発し提案し、学校の教師を指導する仕事をしている人のようである。彼は次のように言っている。

> ものごとを迅速に進めるためには、結論を先に、を意識します。
> AくんとBくんがけんかをしました。最初は口げんかでしたが、だんだんと興奮してきて、お互いにけったりたたいたりしたということです。
> 両方の言い分を聞いた後は「けんかは、どっちも悪い」と結論を伝えます。そして「でも、

先に悪口を言ったほうが悪い。先にたたいたほうはもっと悪い。そのことをお互いに謝りなさい」と話します。けんかは両成敗が基本です。けんかをした後、どう仲直りして今後の生活を過ごすかが大事です。あれこれ話を長引かせるよりも、結論だけ伝えて、後は子どもに任せたほうがいいのです。（波線は筆者による）

また同様の立場にあると思われるN先生も次のように述べている。

ケンカが起きれば、少し時間を空けて、子どもが落ち着いたら、双方に何が原因でケンカになったのか、相手がどのような言動に腹が立ったのかを言わせるようにします。その後で、「自分の悪かったところはどこか」、「どうすればケンカにならずにすんだのか」を考えさせます。

自分の悪かったところを反省し、相手の立場も理解させることができるように指導するのが教師の役割です。

子どもを納得させることが、ケンカ対応のポイントです。ケンカは子どもを納得させて下校させることに尽きます。

「ぼくも悪かったよ」と言われれば、保護者も納得です。少し気になる場合は、念のため、連絡帳や電話で保護者に伝えておくのもよいでしょう。

一見、もっともらしい見解である。これが日本の教育の実態であろう。しかしこの考え方がいじめ問題に適用されたらどうだろう。

大津市いじめ自殺事件について、「朝日新聞」の連載記事「笑顔の向こうは　大津・いじめ事件」は、この事件を三段階に時期区分して紹介している。《第一段階》自殺した少年と「いじめた」とされる生徒三人は、もともとゲームで遊ぶ「仲のいい四人組」であった。四人は「しょっちゅう教室や廊下で技をかけたり、かけられたり」する「遊び」友達であった。《第二段階》ところが、それは「だんだん一方的な感じ」になる。「仰向けにして殴りつけたり、二人で馬乗りになって顔に落書きしたり」。そして、三階の窓から上半身を乗り出す「自殺の練習」の「遊び」へとエスカレートする。《第三段階》少年は「鉢巻きで後ろ手に縛られ、口にガムテープを貼られて」、「そのままおんぶされ、後ろか蹴られたり殴られたり」する。（さらなる具体的行為については、調査報告書五三頁参照のこと）

大津事件第三者委員会調査報告書によれば、この第三段階は、二〇一一年九月くらいから始まり、被害少年Aは周りに苦痛を訴えたり、死にたいと漏らしたりしていた。しかし担任が「大丈夫か」と尋ねるとAは「大丈夫」と答えていた。

トイレ事件は次のように記述されている。一〇月五日六限終了後帰りの会が始まる一〇分休みに、加害少年BがA、C、Dを誘ってトイレに行った。トイレでBがAの胸ぐらを摑み、真剣な表情をして拳で殴っていた。それを目撃した生徒が担任に「止めに行ってあげて」と言っても担任は対応しなかった。しかたなく生徒は近くにいた教員Ｉに助けを求めた。放課後、担任は、A

とBを呼び、事情を聴いた。Aは、「今日やられたことについては嫌だった」と述べた。ここで担任ははじめていじめと認めたようである。そこで担任はどうしたかというと、二人を互いにハグさせ謝罪させ、二人は笑顔を交わしていたという。その後担任は、Aを残し、話を聞いたが、「Bとは友達でいたい」と話したという。(二一、七〇頁)。そして一〇月一一日午前八時過ぎ、Aは自宅マンション一四階から飛び降り自殺した。

ここでは担任がいじめの認定に、第二章で検討した**定義A**「いじめだと感じればいじめなのだ」(78頁)を用い、しかもこの定義に囚われていることが見て取れる。つまり本人がいじめだと言えばいじめだが、逆に、いじめでないと言えば、何が行われていてもいじめではないという考えに固執している。

ところでここでの問題としたいのは、いじめと認識した段階で、互いにハグさせて、「Bとは友達でいたい」と言わせたらそれで済ませていることである。その後担任は、AとBの親に説明をしているが、Aの父親が、「他の生徒が『あれはいじめだ』と言っている」と問い糾したのに対し、「いやケンカである」と説明を続けている。

担任は、いじめの定義において誤りを犯し喧嘩だとし、喧嘩には喧嘩両成敗をもって良しとしている。しかしこれが、この担任だけの問題ではないのはS先生が堂々とそれを勧めていることからも明らかである。この二重の誤りこそ日本の教室の病である。何が問題なのだろうか。

伝統的前近代的公私構造から憲法的秩序へ

高校の日本史の歴史教科書に必ず取り上げられるものに「喧嘩両成敗法」がある。そこで取り上げられる、例えば「長宗我部氏掟書」には、家臣のあいだで「喧嘩口論」があれば、「理非に寄らず、双方成敗すべし」と規定されている。「理」＝正当な者も、「非」＝不当な者も、両方が罰せられるというのである。現代の基準からすれば、理非が判別できない裁判官は、本来、裁判官の資格はない。にもかかわらず喧嘩両成敗がまかり通るのは、「理」を通してはならないという日本的「おかみ」概念が生き残っているからであろう。

溝口雄三の『公私（一語の辞典）』によれば、同じ「公」の意味でも、中国的「公」と日本的「公」（＝おかみ）は異なるという。中国から伝わってきた「公」に日本では「おおやけ」の訳をつけたが、「おおやけ」とは「大きな家」を意味し、その地域で最も勢力を持つものであった。それは共同性と首長性を体現していた。その点では中国の「公」と同義であったが、中国的「公」の持つもう一つの意味「公理」（＝公正）の意味は持っていなかったとされる。

日本的「公」にはその重畳的性格が指摘されている。すなわち私人と私人の対立は、「理」で裁かれるのではなく、村長が「公」（＝ボス）となることによって裁かれる。村と村の争いは県が「公」となり、県と県の争いは国（＝天皇）が「公」となる。そしてその上に「公」はない。したがって、国家と国家の争いにおいてそれを超える「公」も「理」もないために、日本人には、特に第二次世界大戦において、国家間の争いは裸の力のぶつかり合いとして認識されたのだといわれる。

村上淳一『〈法〉の歴史』も次のように言う。どんな社会でも紛争が生じる。西洋においては、紛争当事者の主張は、生の主張を離れて、法が認める権利であるか否かの問題として決着がつけられてきた。これに対し、日本では、生の主張の対立が客観的なルールによって判定されるのではなく、人間と世間の機微に通じた「上位の第三者」の判断に委ねられた。その「理」は、内容が不明確であるのみならず権力者によって容易に破られるものでしかなかった、と（一一一―一二頁）。

しかし、この「上位の第三者」の判断が下された以上、それに逆らうなというのが日本の「公」の構造であり、これを無視する者の実力行使を抑圧する思想こそ喧嘩両成敗であった。だからこそ、時代劇で、忠臣蔵あるいは必殺仕置き人などが人気を博するのである。そこには「理」（権利）を無視され、争いを抑圧された庶民の憤懣《ふんまん》を見ることができる。

さらに村上は、江戸時代のある武家の家訓を紹介している。そこで「理」は、「非理法権天」という序列のなかで下から二番目でしかない。「一、非と云うは無理の事也。理と云うは道理の事也。法と云うは方式也。権と云うは権威也。天と云は天道也。非は理に勝つ事ならず、理は法に勝つ事ならず、法は権に勝つ事ならず、権は天に勝つ事ならぬ也。此五つを良く弁（わきま）ふべし。……」と。そして、理が法に勝つ事が出来ない例として、「父はいか程無理にても、子の身としては、父に対して悪口せず、手向ひすまじき事、天下の大法也。その子は大法に背くゆ

図Ⅲ　日本国憲法の下での秩序

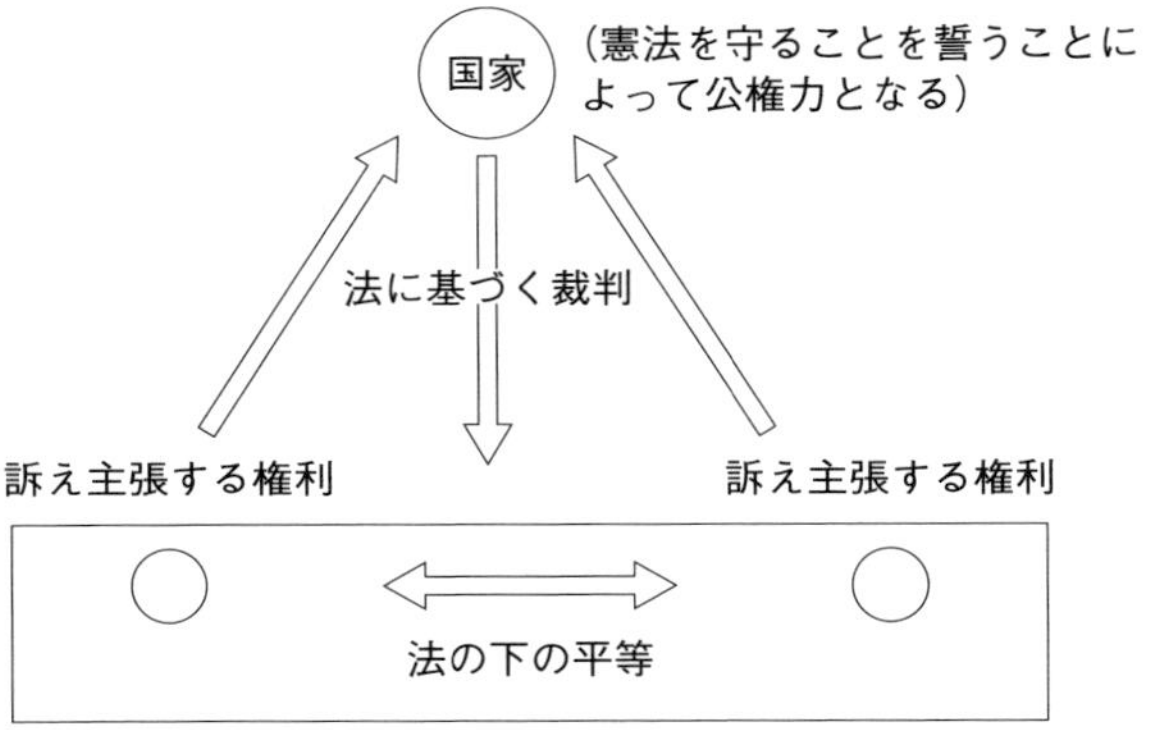

へ、罪におとされる、也。」とされる（同上一三―一四頁）。そしてこの「法」でさえも「権力者」の前には無力なのである。喧嘩両成敗は人の支配が貫徹していた時代のルールであり、それは当然、庶民や家臣のためではなく、支配者のためのルールであった。

それに対し国民の権利を保障するために制定された日本国憲法は、もちろんこのような考え方を否定する。国家は法の支配の下にあり、国民は法の下に平等である（憲法一四条）。国民には、裁判を受ける権利が保障される（憲法三二条）。裁判は対審で行われ、両当事者とも自己の主張を述べることが保障され、それは公開で行われる（憲法八二条）。民事事件においては両当事者に、刑事事件において被告人には弁護人に依頼する権利があり、それができない被告人には国がこれを附する（憲法三七条）。裁判官は中立公正な立場から「その良心に従」い、「独立してその職権を行」い、憲法、法律に則って理非に従って判断する。その決定はその紛争に関する終局的解決を意味する（憲法七六条）。これが日本国憲法のもとでの裁判における「公」の構造である。

教室における前近代的公私構造を憲法的秩序へ

しかし伝統的前近代的日本的「公」の概念は国家・社会のなかで生き残り、いまや現代の学校教育のなかで再生産されている。恐るべきことだと思われる。喧嘩両成敗によって得られる利益は、理非の判断能力を問われて教師が権威を失墜することがないことである。つまりどんな紛争であれ結論は決まっている。「両方の言い分を聞いた後は『けんかは、どっちも悪い』」と結論づければよいのである。

他方、他の生徒から不当な扱いを受けている生徒は、抵抗することはできず（＝喧嘩はどちらも悪い）、教師に訴えても聞いてもらえず、聞いてくれたとしても、争っている両当事者が教師に反省文を提出すれば終わる。その後は、生徒間の自然状態のなかで、よくもチクッたなと一層酷いいじめを受けることになる。日本的「公」概念においては、私的争いを「公」に持ち出す方が悪いのである（溝口雄三、七五頁）。教師に相談しても仕方が無いと学生たちが書いてくるのはある意味、当然であろう。

先に紹介したN先生は、理非にかかわらず「自分の悪かったところはどこか」を考えさせ反省させている。「「ぼくも悪かったよ」と言われれば、保護者も納得です。」とは、自己保身のために反省文を書かせているようにさえ見える。

長期間にわたって、「風呂に入らない」「臭い」「きもい」とか、「すぐチクル卑劣な奴」「クラスにいることが迷惑」など言われ続けた生徒がいる。この発言をした生徒をX、言われた生徒をYとしよう。Yは、Xのこの発言にどう対応してよいか分からず、Yにぶつかっていって喧嘩になったとする。それに対してこの二人の先生はどう対応するのであろうか。

S先生は次のように言う。「最初は口げんかでしたが、だんだんと興奮してきて、お互いにけったりたたいたりした」というような事例であれば、「先に悪口を言ったほうが悪い。先にたたいたほうはもっと悪い。そのことをお互いに謝りなさい」と言ってことを丸く収めると述べている。

彼にとっては、XとYの両者が争っているのであるから、喧嘩両成敗の原則から両方が悪い。しかしYの方が手を出したから、もっと悪いのである。そしてYにも謝らせて丸く収めたつもりになって終わる。しかしXからすれば、どんなに悪口を言っても、Yの方が悪者になるのであれば、さらに調子に乗るだろう。Yに反撃する手段はない。ただ我慢することが習慣になる。その限りでは教室のなかの平和は保たれるので教師は満足である。そしてクラスのいじめっ子がYはいじめても大丈夫と認識すれば、いじめはどんどんとエスカレートする。こうしてYは追い詰められていく。Yは常に「自分の悪かったところはどこか」、「どうすればケンカにならずにすんだのか」を考えさせられ、「ぼくも悪かったよ」と言わされ、保護者も納得させられるのである。

大河内君も、「僕が素直に出してしまったからいけないのです」と書いていなかっただろうか。これが学校教育の成果でなくてなんだろうか。

こうした中で「最近、生きていくことが嫌になってきました。クラスでは「貧乏」や「泥棒」という声がたえず響いていて、その時は悲しい気持ちになります。それがもう三年間も続いて、もうあきれています。それに、毎日おもしろくおかしくそいつらは笑っているのです。そういうことでこの度死ぬことにしました……」と遺書を残して中学一年生の男子生徒が電柱で首をつって自殺するという事件が起こっている（鎌田慧、ⅳ頁）。

喧嘩両成敗では問題は解決しないどころか、ますます事態を悪化させていることは明らかである。高校生に聞くと、それを肯定する生徒は一人もいなかった。「ハグさせるなんて気持ち悪い」「悪くない人がなぜ謝って仲良くしなければならないのか」「先生の自己満足にすぎない」など意見が止まらない。たしかに、いじめられている方からすれば、いじめを止めてもらえればそれでよいのであって、仲良くしたいかどうかは別問題であろう。

他方、「大河内君には何が足りなかったと思いますか」という質問（33頁）には次のように答えていた。「反抗する態度を見せたらよかった」、「人を頼ること」、「誰かに相談すれば良かった」「生きる勇気がなかった。私なら逃げてでも、どんなに無様でも生きる」、「自分なら暴力を受けたりお金をせびられたりしているところを録画や録音をして警察に見せる」などがあった。そうだろうと思う。喧嘩両成敗は教師の論理でしかない。彼らにとって重要なのは、「身を守ること」

である。

相談する、逃げる、反抗する、証拠を集めて対抗する、これらは自分の身を守るために必要な技術である。学生の感想に、「いじめられていたけれど、とうとう切れて傘でいじめられた人を殴り返したら以後、いじめはなくなった」というのもあった。これらもまた喧嘩のなかで覚えていくことであろう。しかし教師は、身を守ることは教えず、抵抗することも教えない。良くて、相手方に「いじめるな」と説教し、他方、相談した生徒には自分も悪かったのではないかと反省を迫る。これではいじめを一層苛烈にするだけであり、子どもたちが教師に相談しないはずである。そもそもS先生の出発点、「ものごとを迅速に進めるためには」というのが間違っている。人を教育するとはそんなことではないはずである。しかし、その言葉がいまの学校現場の雰囲気を体現している。

抵抗することを教えず、我慢することのみを教えたのでは、「いじめられない人間」は育たない。では、どうするべきか。身を守ることを教えるべきだろう。それこそ人権教育の原点である。いつ身を守ったらよいのか。それは人権を侵害された時である。それはどういう時かといえば、それに対する本書の答えが**定義J2**（130頁）である。すなわち「度を超えた悪戯」、「生命、身体、自由、財産、名誉、プライバシー等人権への攻撃」、「悪意ある仲間はずれによる心理的攻撃」があれば、教師に相談すべきだし抵抗してよいのである。なぜならそれは自然権だからであり、そうした抵抗をしなければ、結局そうした行為が継続し、「人格を否定」され、自殺に追い込まれる危険があるからである。それゆえ、抵抗した時に、教師に褒められないまでも怒られない、事情を聞いてもらえて理非にしたがって判断が下されることが大事である。そのことによって定義J2に抵抗する行為ははじめて教室において権利となり、教室の秩序が理非にしたがって整序されるのである。もし教室にそうした秩序が成立しておらず、自然状態にあるというのならば、正当防衛として、いじめに対しなんらかの行動に訴えることも認められるべきだろう。

感想に「傘でいじめられた人を殴り返した、というのがあった。それができれば、元々いじめられる人間ではなかったと思う」というのもあった。いじめられている子どもが抵抗できずにいる時、教師は裁定者として、そこに介入しなければならない。しかし、いつもそれが期待できるわけではない。したがって、抵抗できない子どもには、信頼できる大人に相談する、あるいは逃げる、学校に行かないというのも身を守る手段として存在することを教えておくことも必要だろう。

インターネットによる攻撃

さらに先のS先生の基準で、喧嘩両成敗以外にも気になる問題がある。「先に悪口を言ったほうが悪い。先にたたいたほうはもっと悪い。」という基準である。そうなのだろうか。「風呂に入らない」「臭い」「きもい」とか「すぐチクル卑劣な奴」「クラスにいることが迷惑」などと言う行為は、たたく行為よりもよりも罪は軽いのであろうか。これらの言葉が大人社会で交わされたらどうだろう。

憲法は一三条で「すべて国民は、個人として尊重される」と規定している。これは人権思想の基本的価値である。それは国家の義務であると同時に、個人間においても人間関係を律する基本的ルールである。自然権といってもよい。したがってこうした悪口は基本的に一三条に反する行為と言えるだろう。ゆえに国家はそれを具体化し、法律によって国民に行ってはいけない行為を指示する。それが刑法二三〇条名誉毀損罪であり、二三一条侮辱罪である。「名誉を毀損する行為」「公然と人を侮辱する行為」は犯罪なのである。それは、個人間において「すべて国民は、個人として尊重される」ことを保障するためである。したがって「先に悪口を言ったほうが悪い」のである。

こうした行為に対しては体当たりしてでも抵抗すべきところであるが、法律は自力救済を認めない。その代わりに法は被害者に、警察に告訴し、あるいは裁判に訴える権利を保障する。大人には、嫌な悪口を言われた時、これだけの権利が与えられるのである。それにも関わらず、子どもには我慢せよというのは正しくない。

なお、高校生に、インターネットに書かれた悪口を見せて、これを大人が書いたら違法だと思いますかと聞いたら、半数の生徒はそうは思わないと答えていた。普段マスメディアをとおして、政治家、タレント等への悪口を見聞きするからであろう。しかし刑法二三〇条の二を見せて、それは「公共」の事柄に限ってであると言うと、納得したようである。

二〇一三年に公布された「いじめ防止対策推進法」のいじめの定義に、「児童生徒が行う心理的又は物理的な影響を与える行為（インターネットを通じて行われるものを含む。）」と、インターネットの要件が付加された。法教育において名誉毀損やプライバシーの概念について、憲法一三条、二一条の意義とともに教えるべきであるように思われる。

もめ事こそ教材

いじめや喧嘩が起こったとき、学校はどうすべきなのだろうか。「ものごとを迅速に進めるために」、喧嘩両成敗で一件落着させるのは、もったいなくはないだろうか。

先に、NHK岡山が作成した「現場に立つ〝もめ事〟こそ教材」という番組が放送された。この番組では、不登校となった生徒たちが寄宿生活をしている岡山希望学園の教育を取り上げていた。この学校は不登校生に再びやる気を取り戻させていると最近注目されているという。その教育方針は「〝もめ事〟こそ教材」。その渡邊誠二学園長は次のように語っていた。「ここの学園ではトラブルやけんかをしないように努力はしていないんです。トラブルがあったり、けんかがあったらむしろそれを材料にして勉強する。それがここの学園です。なんでこうなったかなという風に考えたりしながら解決していく。そこがとても大事なので安心してけんかしましょうというんです」と。ここでは、喧嘩をしても反省などさせていないのである。しかし放っておくわけではない。問題が起こると教員が全員で集まり情報を共有する。そして子どもたちが納得するまで向き合うことを確認する。喧嘩を起こした生徒や仲間に入ってこない生徒が怒っている原因などを、教師が媒介しながら、その子どもが納得するまで話し合うのである。

教師は、「きっとみんな話せば分かってくれるから大丈夫じゃけ」と励ましたり、「でもまあよく勇気を出して話せたね、あれでええ」と褒めたりして、「もめ事が起こった時こそお互い腹をわって話す」手助けをする。そうした話し合いを重ねているうちに、子どもたちの間に、話せば分かるという信頼感が生まれ、自信がつき、連帯意識が育ってくる。そして子どもたちにやる気がよみがえってくる、というのである。もちろん、教師たちからすれば手間暇かかる教育ではあり、教師たちと一緒に寝泊まりする学校だからこそできるのかもしれないが。岡山県教育委員会は、この学校と不登校対策で教育協定を締結したそうである。

学生からも次のよう感想があった。「私は小学生の頃、いじめっ子のほうでした。お金を取ったりしたことはないけれど、傘で年下の子を殴りました。そのときのことはあまり覚えていません。でも、そのときの先生や親の対応はしっかり覚えています。私を怒った人はいませんでした。みんな黙って私が話し始めるのを待ってくれました。自分のした事が情けないのと、周りの人の優しさでいっぱい泣きました。今だから言えることなのですが、昔の私はとても口下手で、言いたい事がいえないから手が出たのだと思います。その後、周りの人たちのおかげで立ち直る事ができました。周りの人の力は本当に大きいです。」

教室の秩序と裁判所

もう一度「部分社会論」に戻ろう。先に、学校という部分社会の中の規範を検討した。そこでは喧嘩両成敗という、いまだに前近代的公私構造を見いだすことができた。そして本書では、それを憲法に基づいた秩序に置き換えることを提案した。これは実践論、つまり処方箋である。では、これはどのような方法で取り組まれるべきなのであろうか。

裁判所に頼ればよいのか。しかし裁判所は部分社会論を採っていた。この裁判所の論理が適用されるとすれば、教室内部のいじめがたとえ人権侵害に当たろうと、それが「一般市民法秩序に直接関係する場合」以外は、裁判所はこの紛争を司法審査の対象としないということになる。その場合とは、「集中的、かつ、継続的に暴行を受け又は悪戯をされている事実」により、「生徒の生命は勿論、身体、精神、財産等に重大な危害が及ぶ」（定義I、100頁）時、とされた。

ところで部分社会論に対しては、憲法学からの批判も強い。すなわち、法律上の係争があるにもかかわらず司法権の範囲外とするこのような部分社会論は、裁判を受ける権利（憲法三二条）を制限することになり、少なくとも、それを「制限しうるような憲法上の根拠を示す必要がある」（高橋和之二〇一三年、三九三頁）というのである。したがって、部分社会を一般的・包括的に語ることは批判され、それぞれの団体の目的・性質（たとえば、強制加入か任意加入かの区別）・機能はもとより、その自律性・自主性を支える憲法上の根拠も、その相違に即し、かつ紛争や争われている権利の性質等を考慮に入れて個別具体的に検討しなければならないとされる（芦部信喜〈高橋和

図Ⅳ　憲法的秩序と部分社会

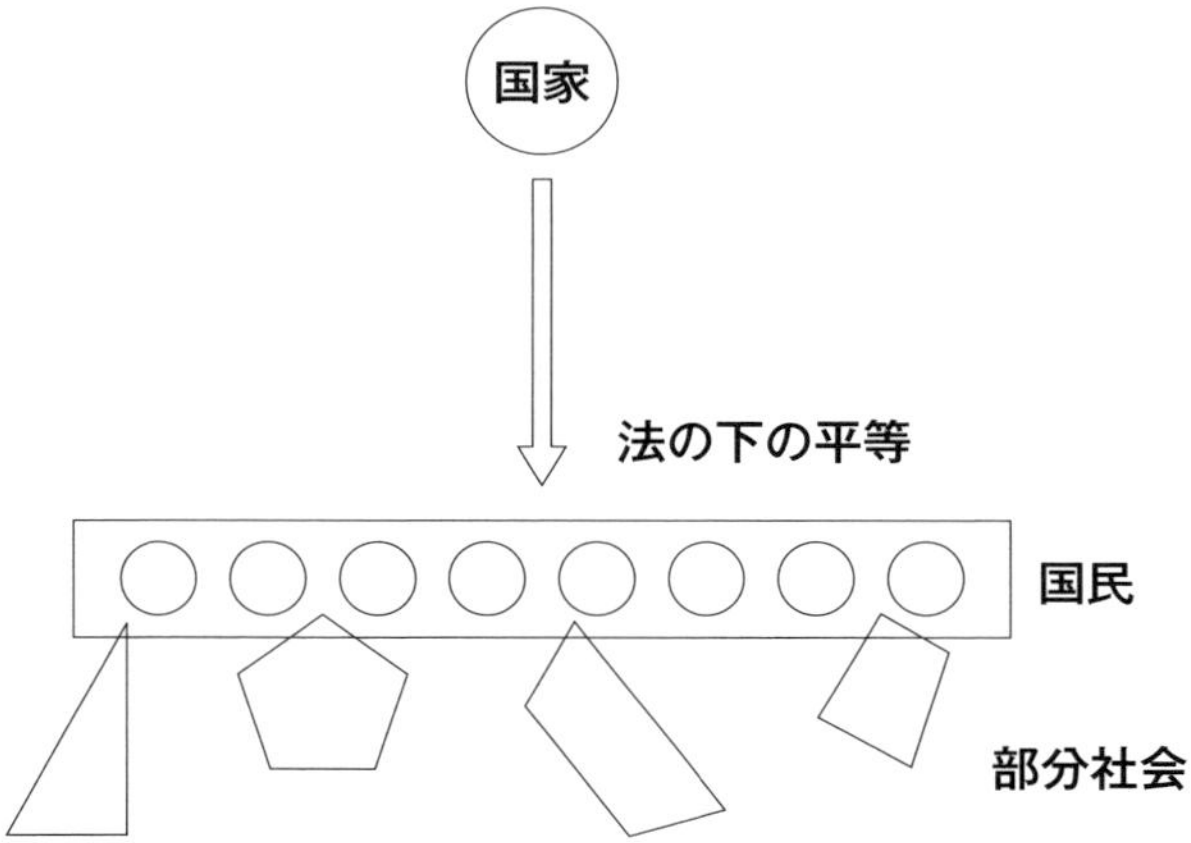

部分社会のなかは、相互に人格が尊重されていたり、民主的だったりするものがある一方で、封建的であったり、前近代的公私関係が残っていたり、さらには、「中間集団全体主義」というべき様相を帯びる部分社会もある。その部分社会の一つに教室がある。

之補訂）、三三五頁）。

たとえばボランティア団体のような結社の例をとれば、その自治は結社の自由（憲法二一条）に根拠をもち、基本的にその内部問題に、裁判所は介入しない（一般市民法秩序に直接関係する場合は別だが）。しかし学校の場合そういうわけにはいかない。というのも、いじめから教師が守ってくれないからといって学校に行かないとか、学校を変えるとかは通常は困難である。しかもその学校は、公立であれば、半ば強制的に指定された学校である。その点で、加入の自由、脱退の自由が保障されている結社とは性格が異なる。（もちろん学校が守ってくれないと確信したならば学校を変えるべきであるが、そう簡単ではない）。また公立学校は、**法制度Ⅱ**に位置づく組織であって、校長や教師等には憲法尊重擁護義務（憲法九九条）があり、子どもの人権を侵害してはいけないのはもちろん、子どもの「教育を受ける権利」（憲法二六条）を保障する義務がある。これらのことからすれば、教室の内部問題を単純に部分社会の問題といって済ますことはできない。（中富公一「公立中学校における髪型規制」四八頁）。

しかし他方で、いじめ問題すべてを裁判所が司法審査の対象としうるかといえば、それは事実上不可能であることはすでに見た。それはまた不可能というばかりでなく、望ましくもない。「喧嘩や意地悪、からかい半分のちょっとした嫌がらせ」は、どの社会でもいつの時代も、子どもの中に、ごく普通に見られる「発達的な特性によるもの」であり、子どもなりの問題解決を模索する手段ともなりうる積極的な意味を持つ（深谷和子、二四頁）からである。

となると裁判所が**定義Ⅰ**を用いること自体は非難すべきことではないと思われた。もちろん、単純に部分社会の問題といって済ますことはできないということからすれば、「重大な危害」をあまり高く設定すべきではないだろう。とはいえ、裁判所ができることは当面そこまでであるようにも思われる。

裁判所は、個別の法的紛争を法に基づいて裁判するのが任務である。そして判決が出れば、そうしたことが以後起らないように内部において改善の動きが見られるはずであった。しかし現状では、いじめ被害は減少せず、相変わらずいじめ自殺も続いている。その原因としては、学校における隠蔽体質、喧嘩両成敗のルールを指摘できた。学校がいじめを隠蔽するとき、これを裁判で明らかにすることは難しい。学校による組織ぐるみの隠蔽を、個人的努力で弁護士を雇い、裁判で争って明らかにすることは困難である。また仮にそれを明らかにできたとしても、それで報われるのはその訴訟当時者だけであり、しかも事後的な賠償にすぎない。また、喧嘩両成敗で生徒を指導したからといって、その教師を罰することができるわけでもない。

教室の秩序を改善するために

つまり学校という部分社会の問題を、その内部から改善することを裁判所に期待することはできない。本来、学校自らが自己改革すべきところであろう。

大津いじめ事件第三者委員会調査報告書は言う。「いじめの問題は、学校の中で解決していかなければならない問題であり、当事者となった、加害生徒、被害生徒に対する適切な教育を施していくことが大事である。学校は何があってもその問題から逃げることなく、正面から生徒、保護者に向かい合うという意識を持たなくてはならない。」(同一八一頁)と。

その通りだと思う。本来、学校が自らその課題を自覚して変わっていくことが最も大切なことである。しかしいじめ問題が社会問題となって相当の年月が経ったにもかかわらず、それは達成されなかった。学校が、自力で自らを改善できないとすれば、それを正すのは、教育委員会、文部科学省、首長、ＰＴＡ、住民等の役割ということになる。

まずは、学校を監督する教育委員会が、いじめ問題にどう対処しているかが問題となろう。また、いじめの指導に、未だに喧嘩両成敗が行われているとすれば、教育委員会は、それを糾し、研修等を行い、いじめへの対処法をきちんと指導すべきではないだろうか。

ところが、担任を支え監督すべき学校、学校を支援し監督すべき教育委員会にも問題のあることが顕在化し、二〇一一年頃から教育委員会の改革が叫ばれ始めた。また、いじめ防止対策推進法が制定され、学校はいじめを防止する体制をとるように指示された。いじめ防止対策推進法において、学校はどうすべきとされたのか、今回の教育委員会改革では何がどう議論されたのかについて次の章で検討する。

第四章　いじめにＮＯと言える支援体制を憲法から考える

第一節　いじめ問題にみる担任、学校、教育委員会の問題点

学校でいじめがあるとすれば、学校は児童生徒をいじめから守る責務を有していることは前章で述べた通りである。これを子どもからみれば、個々の子どもは、身を守る権利、そして「コミユニケーションの相手として真面目に扱われる権利」を有しており、そしてそれが侵害されたならば、学校に保護を求める権利があるということを意味する。そのことを学校は、児童・生徒に徹底して教えるべきである。とすれば、そのためにも、その子どもの信頼に応え、救いを求める子どもに責任を持って対応できる学校体制が構築されなければならない。学校の秩序が安定し、子どもたちが安心して学べるようになれば、成績も上がってくることが指摘されている。

文科省ホームページには、「効果のある学校（effective schools)」という概念が紹介されている。「今日、『効果のある学校』に関する研究が国内外で推進されている。このような『教育的に不利な環境のもとにある児童生徒の学力水準を押し上げている学校』では、学力の向上と人権感覚の

育成とが合わせて追求されている。一人一人の個性やニーズに応じた基礎学力を獲得するためには、学校・学級の中で、現実に一人一人の存在や思いが大切にされるという状況が成立していなければならないからである。」（二〇一三年一月三一日確認）と。その通りだと思う。

ところが、子どもたちを守るべき、教師や学校、そしてそれを指導するべき教育委員会に問題があることが問題となっている。ここで学校というのは、教室とは別の概念で、校長を責任者とする学校全体の体制を指す言葉として使う。それらの問題点について、大津市立中学校におけるいじめに関する第三者委員会の調査報告書をみてみよう。本委員会は二〇一一年一〇月一〇日に自殺した市立中2年生に対するいじめの事実関係や学校の対応を検証するため、市長のもとに二〇一二年八月二五日、第三者委員会として設置された（参照、越直美、一二三頁以下）。すなわち、訴訟当事者になる可能性のある学校や市教育委員会から独立の立場で、市長の任命による委員六名（元裁判官、弁護士、学校教育・教育心理等を専門とする大学教授）と調査委員四名（弁護士ら）で構成され、二〇一三年一月三一日に報告書を市長に提出した。この委員会はこの五ヶ月間精力的に活動し、膨大な資料を読み込み、一二回の会議、五〇回近くにわたる聴き取りを行った。この二〇〇頁を超える報告書からは、これまでも随所で引用したように、貴重な教訓を引き出すことができる。全国の教育関係者の必読文献といえる。この報告書のうち、提言部分はインターネットでダウンロードして読むことができ、調査報告の方は大津市に申請すれば手に入る（http://www.city.otsu.shiga.jp/www/contents/1359682792674/）。

担任の問題点

担任の問題はすでに第三章の「喧嘩両成敗」(158頁)以下のところで述べた。大津いじめ自殺事件についていえば、ここでの担任の問題は、第一に、「本人がいじめだと言ったらいじめなのだ」という「いじめの定義」に囚われ、本人がいじめと言わなかったのでいじめではないとしている点。第二は、いじめに喧嘩両成敗で臨んでいる点にあった。

学校の問題点

学校の問題として、調査報告者がまず指摘するのが、①事実究明の不徹底である。学校側にいじめについての情報がなかったわけではなかった。しかし、学校には、こうした情報を集約して全貌を明らかにしようとする姿勢がなかったとされる。次に、②教員間で、教訓の共有化がなされていないことである。調査報告書を読むと、クラスの環境が悪化し、いじめが酷くなっているにもかかわらず、それを放置している担任がいる。そして、それを問題だと思っている教師が多くいるにもかかわらず、事態は放置されていた。ここには教師間の連帯の欠如、校長のリーダーシップの欠如をみることができる。また、③事態沈静化の重視がそれを助長する。学校は、いじめ自殺事件のあと、早く学校を平常化して授業を再開させようと努力した。しかし、生徒は事実を明らかにしたいと望んでいた。そのことに頬被りし、責任の所在も曖昧なまま授業を再開しても、生徒たちは、学校がいじめを隠蔽していると感じ、校長ひいては教員に対し強い不信を抱くに至った。これでは授業をしても正常化は望めない。

「こうした不信を解くためには、教員自身が事実に正面から向き合い、誠実に生徒とともにいじめをなくすために何が必要かを語り合うことである」と調査報告書は述べている。

また、報告書は、④学校が事実を解明しないまま事態を無理矢理に沈静化させた理由として、将来の訴訟提起の可能性を考慮し、自らの責任を肯定することになる作業に消極的だったからだ、と指摘する。さらに、⑤学校は自己の法的責任を回避するために、被害者Aの家庭に問題があったという世論づくりを行おうとしたとされる。第三者委員会は、Aの家族へのヒアリング調査も行い、こうした事実がないことを確認している。こうしたことは以前から疑われていたことであるが、改めて学校の姿勢が問われている。

⑥として、いじめ加害者への対応のまずさが挙げられる。被害者Aが自殺した後も、加害者B、Cは、あれは「遊びだった」と述べていたことがマスコミ等で報道されていた。つまり、彼らはあの行為をなぜ行ってはならないかを認識していない。いじめと認識しない者をいくら責めても何の発展もない。学校は、一般生徒のみならず加害生徒とも真摯に向き合い、なぜそれらの行為を行ってはならないのかについて語り合うことが必要だったと思われる。調査報告書は、⑦いじめ加害者にも弁明の機会を与え、弁明が正当ならばそれを認めるという姿勢の重要性を指摘する。⑧また本件で学校は、BやCにAとの関わりや事実関係を聴くことがほとんどできていなかった。

た学校がいじめ加害者の一人と認定したDについて、委員会は、いじめ加害者と認定できないという。ここにも生徒と正面から向き合わず、事実を認定している学校側の問題点が見て取れる。報告書は、「加害をしたとされる子どもたちに、その振り返りの場を設定できずして、情況の流れるままに放置してしまったことは大きな問題である」と述べている。

⑨スクールカウンセラーのあり方にも問題があった。Aの自殺後、スクールカウンセラーが学校に派遣されて、関係者のカウンセリングを行っているが、このカウンセリングの内容が、学校の管理職に伝わっていたとされる。さらには、⑩今後の法的紛争を見越して、学校の責任を回避する方向でカウンセリングを行ったとされる（一五四頁）。

本来スクールカウンセラーはこころの専門家として、学校と距離を置いて活動することが期待されている。スクールカウンセラーはカウンセリングに徹するべきである。まして学校の方針を支えるような活動をすることは職責を逸脱するものといえると指摘されている（一六七—一六八頁）。

以上みたように、本件において学校は、いじめに適切に対応できていないと同時に、いじめ自殺以後においても、その対応に問題があったことが分かる。では、学校を支援、監督すべき教育委員会は何をしていたのか？

教育委員会の問題点

大津市教育委員会について調査報告書は次のように指摘する。「今回の事件における教育委員会への世論の批難は、『市教育委員会の隠蔽体質』という一点にあった」と。

この隠蔽体質が問われているのは、事務局の方である。（教育委員会の組織については208頁の図Bを参照のこと）。教育委員会は、事務局から十分に情報が提供され、自由に議論し、注文する機関である。つまり隠蔽体質を持つ事務局から、どれだけ情報を引き出し、問題点を洗い出し、チェックできるかが課題である。

どうして事務局は隠蔽体質を持つのか。調査報告書は次のような指摘をしている。「今の教育委員会のシステム構造では、上級機関（文部科学省―県教育委員会）への数値報告が求められるようになり、成果主義に陥っていると指摘せざるを得ない。数値での成果の比較がなされるため、都合の悪い傾向や、結果は出したくないとの判断が働くのも当然のことと思われる」と。

つまり、市教育委員会事務局の顔がどちらを向いているかという問題である。子どもたちや、その安全が本当に守られているか心配している親や住民の方を向いているならば、情報を公開し説明責任を果たすと思われる。また親と協力して問題を解決しようとするであろう。しかし、自己保身に走るならば、事実を糊塗してでも、いじめは少ないという情報のみを好んで集めるようになるであろう。それが体質化していると調査報告書はいうのである。

また、学校の教師たちとの仲間意識も指摘されている。学校から教育委員会事務局に入り、ここを経験して、校長等で再び学校に帰る教師も少なくない。その場合、学校と敢えてことを構えたくないという意識もはたらくと思われる。この点を危惧してか、調査報告書は、「人事のルートが暗黙にうちに決まっているような、閉鎖空間、権威主義に陥ってはならない」と指摘する。

先に学校の問題として、自己の法的責任を回避するために、被害者Aの家庭に問題があったという世論づくりを行おうとした疑いがあるという調査報告書の指摘を紹介したが、それは、教育委員会から来た指導主事の示唆によるものだった。調査自体は学校に丸投げで、「調査の実施について何ら具体的な指示をしなかった」とされるにもかかわらず、法的逃げ道だけはつくろうとしていたのである。その原因として、弁護士の助言が「金科玉条のように取り扱われ」たとされている。

こうした土壌のうえに事件当事者としての学校・市教育委員会共通の問題点が発生した。調査報告書の挙げる項目のみ紹介する。①「初期対応のまずさ」②「事実調査より法的対応を意識した対応を取ったこと」③「調査の打ち切りが早いこと」④「事態への主体性がないこと」⑤「自死の原因を家庭問題へ逃げたこと―組織防衛に走ったこと」⑥「学校、市教育委員会自らの手で事実関係を解明し、それを生徒、保護者に返すという意識に欠けていること」⑦「地域関係者との連携の不備」⑧「調査の透明性を確保する必要性」⑨「報道に対する対応のまずさ」⑩「課題としての遺族への対応」。
⑩について報告書は、「遺族のニーズに応じるために、学校、教育委員会は最大限の配慮をもって臨まなければならない。遺族として、学校で何があったかを知りたいということは当たり前のことであり、その意向に沿うことは結果的に徹底した事実解明に繋がる」、しかし、「これまで

の本件と同様の事案において、根拠のない家庭問題が常に世間にやかましく言い立てられてきたという事実がある」、「遺族たちはこれを二次的被害と呼ぶ。本件では、Aの家族が『虐待家庭』であるというレッテルが貼られてしまったが、こうした行為は、人倫に反するものとして、二度とあってはならない」と述べている。

そのような体質を有しかねない教育委員会事務局を、住民の方に目を向けさせるのが教育委員会の本来の役割である。教育委員会はなぜ有効なチェックができなかったのか。

それは、情報の提供がなかったからである。調査報告書は次のように記述している。「本件事案を見る限り、一〇月三一日の委員会開催まで、市教育委員会事務局や学校から委員に対し詳しい情報の提供はなく」、いじめを認めたことも、いじめと自殺の関係が不明とされたことも委員には一切知らされていなかった。「本件事案において、委員各自は重要な情報の提供はされず、重要な意思決定においてらち外に置かれていたと言わなければならない」。「問題は、当該地域の教育に関する重要な情報や意思決定からの阻害であった」と。

これでは教育行政に対する民主的チェックなど不可能である。教育委員会事務局が何を意識して行動しているかという問題性を如実に示している。それは、事なかれ主義と、組織防衛、文科省への取り繕いに終始しているといっても過言ではない。それをチェックする、住民代表たる教育委員会の活性化こそ必要だと思われる。しかし、教育委員会には、「教育長が執行する事柄をチェックする機能をもち、進行管理も含めその体制があるとは言い難い」と調査報告書は述べている。どうしたらそれが望めるのか。あるいは別の制度を構想すべきなのであろうか。

まず、学校の問題点についての改善策を考える。次には、教育委員会の改善策についてこの問提起された改革構想を検討する。

第二節　学校の病への処方箋

処方箋1　……学校が一体となっていじめと向き合う

大津市立中学いじめ自殺事件での学校の対応には先の問題点が指摘されていた。これに対して、いじめと正面から向き合い、学校を変えた例を紹介する。これは東京弁護士会が行っている「子どもの人権救済センター」の活動に参加している弁護士の報告である。

やはり中学校でのいじめ事件であった。D子さんは、物隠し、ものこわしから始まって、刃物を同封した脅迫状を届けられるまでにエスカレートしたいじめの渦中にあった。はじめは、D子さんの狂言だろうといって相手にしなかった担任も、D子さんがけがをするにいたって、やっと対応に乗り出した。担任は監視を強化する、生徒に密告をさせる、被害者の実名を学年集会に明らかにするなどの対応をとると両親に連絡してきた。両親から相談を受けた私は、とにかく担任のその行動を思いとどまらせなければ、いじめは激化すると考え、両親が迅速に動くよう助言した。

両親は教頭や校長にも訴え、被害者の匿名性を確保したまま、問題をクラスの子どもと保護者が共有できるような機会を設けて欲しいと要請した。何ら行動を起こそうとしない管理職に対し、このまま放置するなら教育委員会へ出向くしかないと再度訴えたところ、やっと校長が腰をあげた。

緊急保護者会が開かれた。担任だけでなく、校長や教頭も同席して、送られてきた脅迫状や刃物を集まった保護者に見せて、被害者も特定しないまま、このクラスで重大な問題が起きているという視点で報告がなされた。衝撃を受けた保護者らは、熱心に議論をした。疑いのある子どもを追求したらどうかという意見もあったが、大方は、いじめている子どもたちに深い問題があるはずだ。学校はもっとそこのところに切り込み、子どもを支援するという姿勢をとれないのか、親子関係の見直しも必要だという意見が大勢をしめたという。そしてそれぞれの家庭で、親と子がこの問題を話し合うことが確認された。

学校は一回目の保護者会に出られなかった保護者のために、三日連続で会を開き、それでも出席できなかった保護者のために、家庭訪問までした。効果はすぐに現れた。その直後からぴたりといじめはなくなったのである。子どもたちのSOSとしてのいじめに、親や教師がはじめて真剣に向かい合ったという姿勢が、子どもたちに通じたのだとしか思われない。（中川明編『イジメと子どもの人権』一一一頁）

この事例では、やっと動いたにせよ校長のリーダーシップのもと、担任、被害者の親、弁護士、保護者等の協力のもとに、学校が一体となっていじめを深刻な問題と捉えているというメッセージを生徒たちに届けることに成功している。また、加害者捜しをせず、いじめ加害者を個別に責めることを目的としなかったこともよかったと思われる。もしそれをしていたら、いじめをなくすことにＰＴＡなどが一致できていたか疑問である。いじめられている子の救出が何をおいても最優先課題とされたことが良かったと思われる。さらに、情報を校長に集中するとともに、教員間の連携も強めることも重要である。それがあって初めてＰＴＡとの連携もできる。また、いじめ問題には、教師一人に任せることなく組織的に対応することが必要であることも分かる。

いじめ防止対策推進法（以下、「いじめ防止法」で引用する）二二条は、「学校は、……当該学校の複数の教職員、心理、福祉等に関する専門的な知識を有する者その他の関係者により構成されるいじめの防止等の対策のための組織を置くものとする。」と定めた。

処方箋2　……相談しやすい体制の構築

学生たちの声に、「もっと生徒の様子がいつもと違って変であるなど異変に敏感に気付くべきであった」という感想があった。しかし、教師たちは忙しく、気づかないこともしばしばである。そこで、「学校において、生徒の言いたいことが言える環境を作るべきだ」という感想もあった。いじめ防止法一六条三項も「学校の設置者およびその設置する学校は、当該学校に在籍する児童等およびその保護者並びに当該学校の教職員がいじめに係る相談を行うことができる体制を整備するものとする。」と定めた。

しかし、そのような相談所をつくるだけでは、子どもたちは、なかなか相談しようとはしないだろう。親にさえ相談できていないのである。相談しない理由として、学生・生徒たちは次のものを挙げていた。

A　もっとひどいことをされるのではないかという恐怖から

B　いじめられている自分がかっこ悪いと思われるのが嫌だった

C　いじめは自分の問題であり親は関係がないので迷惑をかけたくないから

では、どうしたら相談できるようになるのか。「あなたは守られている存在であると、認識へ働きかける。」という意見もあった。その通りであろう。しかし、そのためには何が必要か。

私の意見では、大切なのは、相談したことは誰にも秘密にするという約束である。最近、大学などでも、パワハラ、アカハラ相談所などを設けているが、こうした相談所は秘密厳守をうたっている。相談したことがバレたら職場で更なる嫌がらせが待っているからである。

次に、必要なのは、いじめを受けているというのは、恥ずかしいことではないことを子どもたちに伝えることである。それは相手が悪いのであり、いじめは卑劣な行為なので、それを一人で解決できなくても恥ずかしくないことを伝えることである。友達は、心配して見守っているのだけれど、もし味方したら自分がいじめられるかもしれないから黙っているだけだということ、教師や親に相談することが問題の解決につながることを伝えることである。解決すればまた友達ができることを説明することである。

そして、いじめを甘受することの方が恥ずかしいし、また周りが容認していることが恥ずかしいという空気をつくることである。ただ、やってはいけないのは、無理に正義の味方の登場を促すことである。そのことでかえってその子がいじめにあうかもしれない。いじめを防止する責任は教師にある。そのことを伝えたうえで、子どもたちには、いじめられている人に「あなたは一人ではない」ということを伝えるなど、味方になる方法は色々とあることを教えるべきであろう。

また、相談を受けた教師が、無神経に、いじめ加害者に「もういじめるなよ」と注意し、仲直りをさせて問題が解決したと勘違いすることも多々ある。これもやってはいけないことである。そんなことでいじめは解決しないし、逆に、エスカレートすることになることは既に指摘した。いじめの相談を受けたらチームでその情報を共有し、チームで対処法を検討することが必要である。そのための体制をとるべきことを、いじめ防止法七条、八条は規定している。私がヒアリングを行った岡山県笠岡市の教育委員会では、いじめの指導には、最低2人の教師で当たることにしているとのことである。これも対処法をチームで検討した上でのことだろう。こうした組織的対応ができていれば、教師が、喧嘩両成敗で済ますこともなくなると思われる。そのためにも、教師がいじめの本質をつかみ的確に対処できるための研修を受けることなどが必要である。同法一八条二項は、学校が教師の研修を計画的に行うことを要請している。

処方箋3 ……地域との連携

処方箋1で取り上げた本は別の成功事案も紹介している。

別の事案では、問題を起こし続ける子どもを、親に代わってしばらく預かろうという地域の人の協力が得られたこともある。いじめる子どもが抱える怒り、不安、不満、寂しさ、いじめでしか発散できない、そうした鬱屈した思いを受けとめる仲間や大人が必要なのである。それはその子どもの親だけでも、担任教師だけでも難しい。（中川明編、一二頁）

この例では、地域の人の協力で問題児の受け容れが行われている。このように、いじめも問題が深刻になると学校だけでは対応能力に欠ける部分が出てくる。そうしたとき、外部の専門家やPTA、地域にも力を借りることも考えるべきであろう。地域の学校教育への参加システムとして、文科省はコミュニティ・スクールを一つのモデルとして提唱している。二〇一四年四月一日現在で一、九一九校がコミュニティ・スクールとして指定されている。そうした仕組みを活用するには、住民が支える学校という意識をどこまで共有できるかが課題だと思われる。

大津市の調査報告書の提言は、教員以外の専門的スタッフの必要性、弁護士の活用（スクールロイヤーの制度化）、オンブズマン等の第三者機関の設立などを提案するほか、地域の学校参加についても言及している。地域の協力を仰ぐことは、地域の活性化の観点からも望ましく思われる。そのためにも学校を地域に開かれた組織にする努力が必要である。いじめ防止法一五条二項、一六条四項も、学校が地域と連携を図ることを求めている。

図は文部科学省 HP から。
http://www.mext.go.jp/a_menu/shotou/community/（2014 年 11 月 5 日確認）

処方箋4 ……**いじめ防止実践プログラム**

いじめ防止についての学校の取り組みの全体像を、大津市第三者調査委員会調査報告書が示しているのでその概念図を掲げておく。この部分は、大津市のホームページからダウンロードできるので詳しくはそちらを見ていただきたい。

提言によれば、いじめに関して学校が行うべきことは大きく言って二種類に分けられる。ひとつは、いじめが起こっている場合に、あるいは予防するために学校が行うべきことで、図では左側にある直接的アプローチと呼ばれる部分である。これと併せて、いじめが起こらないような学校環境を作り上げるために行うべきことも提案されている。図では右側の、間接的アプローチと呼ばれる部分である。

右側の学校の対応に、「子どもの権利条約の学習活動」が挙げられているが、何度も指摘してきたように、法教育を行い、人権や権利、責任、正義、権威などの諸概念を学

図A　学校におけるいじめ防止実践プログラムの全体像

直接的アプローチ	間接的アプローチ	
・保護者への防止プリント配付 ・いじめっ子タイプへのケア ・病気・障害のある子へのケア ・いじめられやすい子に自己肯定感を	・専門機関紹介一覧 ・生徒とのコミュニケーション ・“新しい自分づくり” の支援 ・友達トラブル解決法（友達とは何か）	（個人への対応）
・学級での合意形成 ・定期点検システムの確立 ・いじめの学習と討論 ・いじめのペナルティの確立	・いじめ防止の学級びらき（担任の決意） ・授業規律の確立 ・学級の文化・レクリエーション活動 ・自主的・自治的な「朝の会」「帰りの会」 ・生き生き父母会活動 ・学び合いの協力・共同学習	（学級での対応）
・いじめ防止全校協議会 ・保健室の充実 ・いじめ防止教師プロジェクト ・いじめ研修 ・児童会・生徒会による対策委員会 ・メールリテラシー、ケータイリテラシー ・ＰＴＡいじめ防止委員会 ・いじめの実態把握と克服活動 ・電話相談体制 ・いじめを許さない全校の合意形成	・子ども（児童）の権利条約の学習活動（子ども・教師・ＰＴＡ） ・校則の見直し（学習権・発達権・命の安全・生活権保障） ・心やすらぐ学校環境の整備 ・楽しく明るい学校行事と生活づくり ・中学校部活動の開放性・民主性	（学校での対応）
①受容と寛容（子どもを丸ごと愛す、失敗を受け止める） ③体罰と尊厳を傷つけるペナルティの厳禁 具現化↑	②子ども参画の学校づくり（全分野への大胆な参加、子どもが主人公） 具現化↑	（学校の土台＝ヒドゥンカリキュラム）
人権・愛・ロマンの教育理念		

学外の専門機関との提携

大津市立中学校におけるいじめに関する第三者調査委員会
調査報告書190頁から

ぶことも重要である。また自己主張できない子どものために、アサーショントレーニングなども取り入れたい。その重要性について、野末武義「アサーション（自己表現）からみたいじめと家族」（中田洋二郎編『イジメと家族関係』信山社）を参照して欲しい。また、法教育を受けることによってアサーションも容易になると思われる。

第三節　いじめ防止対策推進法は何を定めたか

法律全体の構造

二〇一三年第一八三国会において、いじめ防止対策推進法（「いじめ防止法」で引用）が議員立法で制定された。この法律はどのような内容で、いじめに対していかなる対策を講じようとしているのか。これまでも関連する箇所で、個々にこの法律の規定を指摘してきた。ここでは、これまで分析してきた問題状況に対して、この法律がどのように対処しようとしているのか、全体の構成と、いくつかのポイントをみていくことにする。

まず、この法律の目的が、第一条で次のように述べられる。いじめが、「いじめを受けた児童等の教育を受ける権利を著しく侵害し、その心身の健全な成長及び人格の形成に重大な影響を与えるのみならず、その生命又は身体に重大な危険を生じさせるおそれがあるものであること」を考えると、「児童等の尊厳を保持するため」、「いじめの防止等（……）のための対策」をとる必要があり、そのために、「①基本理念を定め、②国および地方公共団体等の責務を明らかにし、並びにいじめの防止等のための対策に関する③基本的な方針の策定について定めるとともに、いじめの防止等のための④対策の基本となる事項を定める」（○番号は筆者による）とする。つまり、いじめというのは教室あるいは学校の中でのことではあるが、その被害の大きさを考えると、国や地方公共団体が対策をとる必要があり、それを②責務として規定し、③基本方針を策定し、④対策の基本となる事項を明記し、それを実施するように命じたというのである。

法律は、次の章からなる。第一章　総則（第一条―第一〇条）、第二章　いじめ防止基本方針等（第一一条―第一四条）、第三章　基本的施策（第一五条―第二一条）、第四章　いじめの防止等に関する措置（第二二条―第二七条）、第五章　重大事態への対処（第二八条―第三三条）、第六章　雑則（第三四条・第三五条）、附則である。

第一章の構成からみると、第一条でこの法律の目的を規定したあと、第二条でいじめを定義する。そして三条で基本理念を定める。基本理念は、「児童等が安心して学習その他の活動に取り組むことができるよう、学校の内外を問わずいじめが行われなくなるようにすること」（三条一項）であり、そのために、「国、地方公共団体、学校、地域住民、家庭その他の関係者の連携」（同条三項）が必要であるとする。そして第四条児童の責務、第五条国の責務、第六条地方公共団体の責務、第七条学校設置者の責務、第八条学校および学校の教職員の責務、第九条保護者の責務、第一〇条財政上の責務と続く。

第二条　いじめの定義

ここでは、第二条のいじめの定義をみる。この定義については定義Ｋ２（129頁）として既に検討したが、次のように定義される。「この法律において『いじめ』とは、児童等に対して、当該児童等が在籍する学校に在籍している等当該児童等と一定の人的関係にある他の児童等が行う心理的又は物理的な影響を与える行為（インターネットを通じて行われるものを含む。）であって、当該行為の対象となった児童等が心身の苦痛を感じているものをいう。」と。

それによれば、いじめとは「当該行為の対象となった児童等が心身の苦痛を感じているもの」で、「他の児童等が行う心理的又は物理的な影響を与える行為」とされる。つまり、当該児童が「嫌だ」と思う行為で、「心理的又は物理的な影響を与える行為」について、教師等は注意を払い対処しなければならないとされたのである。これは、「心理的・物理的な攻撃」としていた定義Ｋ（125頁）と比較しても、かなり対象が広く漠然としている。教師たちは本当に、これに対処できるのか危惧されるが、そのくらい広く網を打っておかないといじめはなくならないと立法者が考えたということであろう。

国会審議のなかで、提案者である議員からは、「できる限りいじめの範囲を幅広くするべきではないか」との観点から、「攻撃となってしまうと、無視やからかい、そういう範囲の広いものが読み込めるかどうかということも議論になりまして、そんな議論の中で、『心理的又は物理的な影響を与える行為』とさせていただいた」と答弁されている。（第一八三回国会　文部科学委員会会議録第七号（平成二五年六月一九日））。

であるとすれば、この要請は、学校という部分社会での道義的要請と理解すべきであろう。というのも、K2の定義に教師が対応できなかったとき、そのことだけで学校がその教師を処分等するには、K2は、「広範にして曖昧」だからである。となると、裁判所は、その意味を絞るかもしれない。その場合、本書J2の定義（130頁）が活きてくると思われる。すなわち、教師は、「度が過ぎると思われる悪戯」、「生命、身体、自由、財産、名誉、プライバシー等への人権侵害」、「悪意ある仲間はずれによる心理的攻撃」があったとき、それを止めさせるべく注視し、手におえなければ学校に報告し、指示を待って対処すべきであるということになる。いじめ防止法によれば、学校はそのための体制を準備すべきとされている。また、児童生徒には、そうした行為を受けたら、教師や親や信頼できる大人に相談し、抵抗しあるいは逃げるように、日頃から伝えておくべきであろう。

第四条「児童等は、いじめを行ってはならない」は、何を要請しているか

第四条は、「児童等は、いじめを行ってはならない。」と規定する。しかし「児童等は、いじめを行ってはならない」とする以上、児童等は「いじめ」とは何か理解していることが必要である。そして先にも指摘したように、この法律第2条のいじめの定義は、児童等にとって分かりやすいものではないし、広範かつ曖昧である。理解できないものについて責任を問うことはでない。

したがって、これも権利義務に関する規定というより、訓示規定と解すべきだと思われる。発議者の一人である浮島智子衆議院議員もそのように説明している（同右、衆議院文部科学委員会会議録）。この点につき、「三党案の立案の実務の責任を担わせていただいた」という小西参議院議員はその著書のなかで、この規定の趣旨について、「全ての児童等を名宛人として、いじめをしてはならないことを法律においても訓示的に明記し、『いじめの禁止は法律にも書いてある』といったかたちで、……指導を行いやすくすることにつなげようとするもの」（小西洋之、五三頁）と述べている。すなわち、子どもたちには「いじめをしてはいけない」、法律にも書いてあると訓示したうえで、いじめとは何かを理解させるのに使って欲しいというわけである。

では、どこでいじめを理解させるのか。第一五条の規定する道徳教育であろうか。しかし、一五条の目的は、「児童等の豊かな情操と道徳心を培い、心の通う対人交流の能力の素地を養うこと」とされていて、いじめ概念を徹底的に教えることが要請されているとは思えない。何度も指摘してきたように、いじめがどうして不正なのか、いじめとはどういう行為なのかを教えようと思うならば、法教育を実施し、そこでいじめ概念を教えるべきだと思われる。それが浸透してはじめて、第四条は意味を持つことになる。

もちろん道徳教育が無駄というわけではない。まず、法教育において自己と他者の「尊厳・生命・自由・財産」を守るべきことを学び、そのうえで、第三者のために自分のできることを考えるという道徳を身に付けるべきだと思われる。

なお、個別のいじめについて学校は、(1)いじめの事実確認(第二三条一、二項)、(2)いじめを受けた児童生徒又はその保護者に対する支援(第二三条三項)、(3)いじめを行った児童生徒に対する指導又はその保護者に対する助言を継続的に行い(同条同項)、それにも関わらず効果が見られない時、学校は、「いじめを行った児童等についていじめを受けた児童等が使用する教室以外の場所において学習を行わせる等」(第二三条四項)の措置を取るほか、「いじめが犯罪行為として取り扱われるべきものであると認めるときは所轄警察署と連携してこれに対処する」(第二三条六項)などとされ、さらには学校または教育委員会は、「懲戒、出席停止制度の適切な運用等その他」の措置を取ること(第二五、二六条)も要請される。

そのこと自体は、いじめられている児童等の人権を守るために、専門家の知見に基づき適切に行われるならば、やむをえないことであろう。しかし、そうした措置を取るためには、児童等が、いじめとは何かを理解しておかなければならないであろう。

予防、早期発見、解決

第三章基本的施策は第一五条以下、(1)道徳教育等の充実、(2)早期発見のための措置、(3)相談体制の整備、(4)インターネットを通じて行われるいじめに対する対策の推進、(5)いじめの防止等の対策に従事する人材の確保等、(6)調査研究の推進、(7)啓発活動、の項目を挙げている。内容はこれから、国、各地方自治体、各学校で詰めていくことになっている。

いじめ問題の対策には、「予防」、「早期発見」、「解決」の三点を適切に行う仕組みがなければ総合的な対策にはならないといわれるが、その構造からすれば、この章は基本的には、「予防」「早期発見」に関するものといえる。「予防」については、大津第三者委員会も提言を行っており、本章第二節**処方箋4**で紹介した図Ａ「学校におけるいじめ防止実践プログラムの全体像」の「直接的アプローチ」「間接的アプローチ」の両者がそれに相当する。

いじめ防止法は第一六条で、「いじめの早期発見のための措置」を規定する。そして、いじめの防止等に関する措置を実効的に行うため、第二二条で学校に、「当該学校の複数の教職員、心理、福祉等に関する専門的な知識を有する者その他の関係者により構成されるいじめの防止等の対策のための組織」を置くことを命じる。これをここでは「いじめ対策特別委員会」と呼ぶことにする。これまで、事実上、担任が一人でいじめに対応する責任を負わされていた現状を鑑みれば、この「特別委員会」を法的に義務づけたことは大いに評価できる。そのうえで、いじめを受けた児童等又はその保護者への支援、いじめを行った児童等への指導又はその保護者への助言が行われることになった（二三条）。

しかし、早期発見したからといって「いじめを行った児童等への指導」を安易に行うことは注意が必要である。むしろ加害者を特定しない方法で、いじめが行われていることを学校が知っている、これを重大事態として対応するという決意を学校が示すことで問題が解決したケースのあることは、すでに指摘した。いじめを発見した場合の措置について、先の大津市第三者委員会の図A左側の「直接的アプローチ」がより具体的な提案をしているので、各学校等ではこれを参考にするのがよいと思われる。

なお、図Aのなかにも、「いじめのペナルティの確立」が挙げられているが、「懲戒、出席停止制度の適切な運用等その他」の措置を取ることは、児童等の教育を受ける権利を制約する。国民の権利を直接に制約する場合には法律が必要であるという原則を法律の留保というが、今回の法律が二三条、二五条、二六条等でそれらを明記したことは、法の支配の観点から評価できる。もちろん学校教育法十一条、三五条は、児童等に懲戒等を課す権限を、すでに校長、教員そして教育委員会に授権していたのであるが、いじめ問題に特化してさらに具体化したといえる。こうして、いじめを行った児童等に対して、刑法または少年法、そして民法の不法行為等の、従来の裁判規範が適用されるのに加えて、学校のなかでは、指導、助言等のほか、当該教室外受講、懲戒等を、学校は行いうるとされたのである。

ただし、それを安易に行うべきではない。いじめを行った児童等への「措置」等も、「いじめ対策特別委員会」によって注意深く行われるべきである。いじめ防止対策推進法に対する附帯決議（平成二五年六月二〇日　参議院文教科学委員会）は、「八、いじめには様々な要因があることに鑑み、第二五条の運用に当たっては、懲戒を加える際にはこれまでどおり教育的配慮に十分に留意すること。」を要請している。大津第三者委員会がいうように、それが、「人権・愛・ロマンの教育理念」に基づいて行われるべきことはいうまでもない。

隠蔽の防止のための措置

第五章以下、重大事態への対処が規定されているが、重大事態として、「児童等の生命、心身又は財産に重大な被害が生じた疑いがあると認めるとき」（第二八条第一項第一号）のほか、「児童等が相当の期間学校を欠席することを余儀なくされている疑いがあると認めるとき」（同条同項第二号）、すなわち不登校になった場合も、重大事態とした。それはこれまでベールの陰に隠れていたことだけに、不登校の子どもを抱える親に希望を与えるものと思われる。法律がそれだけの覚悟を決めたということであろう。

この重大事態に対処し、そして当該重大事態と同種の事態の発生の防止に資するため、学校の設置者又はその設置する学校は、速やかに、その下に組織を設け、「質問票の使用その他の適切な方法により当該重大事態に係る事実関係を明確にするための調査を行う」（同条第一項）ことが求められる。そしてこの「当該調査に係る重大事態の事実関係等その他の必要な情報」は、上記目的の他、当該いじめを受けた児童等およびその保護者に、「適切に提供する」（同条第二項）とされる。

大津いじめ自殺事件では、当初、調査そのものが系統性を欠き恣意的であり、かつ、結論（いじめと自殺の間に因果関係は無い）先にありきで、調査結果は公表されなかった。本法により、情報が公表されるといい加減なことはできなくなるはずである。ただし、それにも関わらず、訴訟が提起されれば被告の立場に立つ可能性のある当事者による調査だけに、事実を歪曲する危険性がないわけではない。

その場合、例えば公立学校の場合、地方公共団体の長は、「当該報告に係る重大事態への対処又は当該重大事態と同種の事態の発生の防止のため必要があると認めるときは、附属機関を設けて調査を行う等の方法により、第二八条第一項の規定による調査の結果について調査を行うことができる。」（第三〇条二項）とされている。つまり、大津市で行われたように、第三者委員会を設置し、学校や教育委員会が行った調査について調査できるとしたのである。これによって、これまで行われてきたような隠蔽は、かなりの程度減少することが期待される。

ただ、学校の調査結果に不満を持つ親に、再調査を依頼する権利が付与されたわけではない。この点につき、「いじめ防止対策推進法案に対する附帯決議（平成二五年六月一九日　衆議院文部科学委員会）」は、「五　重大事態への対処に当たっては、いじめを受けた児童等やその保護者からの申立てがあったときは、適切かつ真摯に対応すること。」と述べている。学校、教育委員会、首長等には、この趣旨を踏まえることが望まれる。また、不登校の解決に当たっては、学校と親、さらには専門家も含めて、十分な話し合いが必要であろう。

裁判規範性

なお、この法律ができたからといって、それを実施しない機関等に罰則が課せられるわけではない。努力義務にすぎないとも言える。この法律ができた時、いじめに対処しない教師を罰しない限り意味はないという意見もあった。そうであろうか。ここでは、この法律の裁判規範としての意味について考えよう。

この法律は、学校等の責務を規定したとされる。では、この法律で責務を負わされている学校等の機関の責任はどうなるのであろうか。つまり学校の設置者およびその設置する学校には、「いじめの早期発見のための措置」（第一六条）など、いじめを防止するために各種必要な措置を講ずることが要請されている。これを怠った場合、どのような問題が生ずるのであろうか。少なくとも罰則は科せられていない。

ところで、岡山県議会の勉強会に呼ばれて講演した時、議員の一人から、日本では、責任というと「腹を切れ」とか言われるが、責任とはいかにして果たすのかとの質問があった。よい質問だと思う。

学校の責任を論ずる場合、これは機関間コントロールの問題として考えることができる。憲法学の分野で早い時期から plan＋do＋check の考えを提唱し、三権を、権力分立ではなく機能分立による機関間コントロールという概念で捉えるべきだと主張してきた学者に、カール・レーヴェンシュタインがいる。彼は機関間コントロールについて次のように述べている。

「政策コントロール機能の核心は、政治責任の強制と貫徹にある。特定の権力保持者が、自己に割当てられた機能の実行に関して他の権力保持者に弁明をしなければならないとき、たとえば、政府が議会に対して、議会が政府に対して、究極的には選挙民に対して政府と議会の両者が、この義務をおうとき、政治責任が生ずるのである。」（カール・レーヴェンシュタイン、六五頁）と。

いじめ問題における学校の責任にこの考え方を適用すれば、学校つまり校長は、いじめ防止対策推進法によっていじめ問題への対処措置を執ることを責務とされたが、これを実行しているかどうか、学校の設置者（二三条二項）に報告する義務がある。その報告が不十分であればおそらく学校設置者または教育長からさらなる質問を受けるであろう。これが説明責任である。これが不十分であると判断されれば校長は処分を受けるかもしれない。これは行政法上の責任である。

他方、教育長は、教育委員会に説明責任を負う。会議は原則公開である。学校におけるいじめ防止対策の措置が不十分な場合、教育委員会は、学校への指導監督について教育長にその説明を求めることができ、かつ自ら執行できる。また地方議会は、執行機関たる教育委員会に議会への出席を求め、説明を求めることができる。ただ議会や首長には、特別な場合を除いて（地方教育行政法第七条）、教育長および教育委員を罷免する権限はない。教育の中立性を保障するためである。これとは別に、その説明内容に不満を覚える住民は、委員のリコールを求めることができる（同法第八条）。これが政治責任である。つまり教育委員は住民に対して政治責任を負う。

このようにして、教育行政内部において、学校、そして教育長は教育委員会に説明責任を負う。教育長は、地方議会にも説明責任を負い、地域住民に政治責任を負う。地方議会議員は、選挙で住民に政治責任を問われる。このようなコントロールにより、この法律の実効性が担保されるのである。

さらに、法律が命ずる措置を学校が怠った結果、いじめを受けている児童等に重大事態が発生し、その児童等あるいは親が、学校設置者である地方公共団体を、国家賠償法に基づき訴えたとする。その場合、重大事態が発生したことに、担任または校長（公権力の行使に当たる公務員）の、故意または過失が認められれば、国又は公共団体がこれを賠償しなければならない。これは司法上の責任ということになる。

このように責任は、外部意思に対する応答責任 responsibility、ついで応答不十分と判定される場合の説明責任 accountability、さらに説明不十分と判定される場合の被裁責任 liability へと徐々にその範囲を狭めると同時に負担の強度が増す（吉田栄司、一九頁）とされ、行政責任、政治責任、司法上の責任へと発展していく。こうして法の目的が達成されるのである。この法律が、お題目だけで意味がないということはないし、またそのようなことのないよう、住民の一人として我々もコントロール権を有していることを忘れてはならない。

第四節　教育委員会の病への処方箋

いじめ事件が起こるたびに注目されるもう一つの主体が教育委員会である。教育委員会の問題点は、本章第一節でみたように、大津市いじめ自殺事件と、それに対する第三者委員会の報告書によって顕在化した。このいじめ自殺事件を契機とし、これまでのいじめ事件への対応に起因する学校、教育委員会への不信感を背景に、教育委員会改革問題が一挙に浮上した。これに火を付けたのは、当時大阪府知事であった橋下徹氏である。橋下氏は、地方教育行政のあり方および教育内容は選挙された首長が決めるべきだとの意見を持っていた。そこで、いじめ問題への対処というより、教育行政への首長の影響力を強めることを目的に、二〇一一年一〇月に教育委員の罷免等を定める大阪府教育基本条例案を提出した。これを契機に、首長が地方教育行政に介入することの是非をめぐり議論が起こった。

この当初の条例案が、地方教育行政の組織及び運営に関する法律（以下、「地方教育行政法」で引用する）に反するとされたことからも、この法律を見直して、教育委員会制度を改正しようとの動きが始まった。それは内閣総理大臣の下に置かれた、教育再生実行会議の提言から始まり、二〇一四年の法改正で一段落した。この間の動きは、本書の最初のはしがきで整理したとおりである。

教育委員会の仕組み、趣旨、権限

まずは教育委員会の仕組み、趣旨、権限についてみていく。改正前の教育委員会の仕組みについては教育再生実行会議の提言「教育委員会制度等の在り方について（第二次提言）」（二〇一三・四・一五）が簡潔にまとめている。

次の図を見て欲しい。教育委員会は、首長から独立した行政委員会としてすべての都道府県お

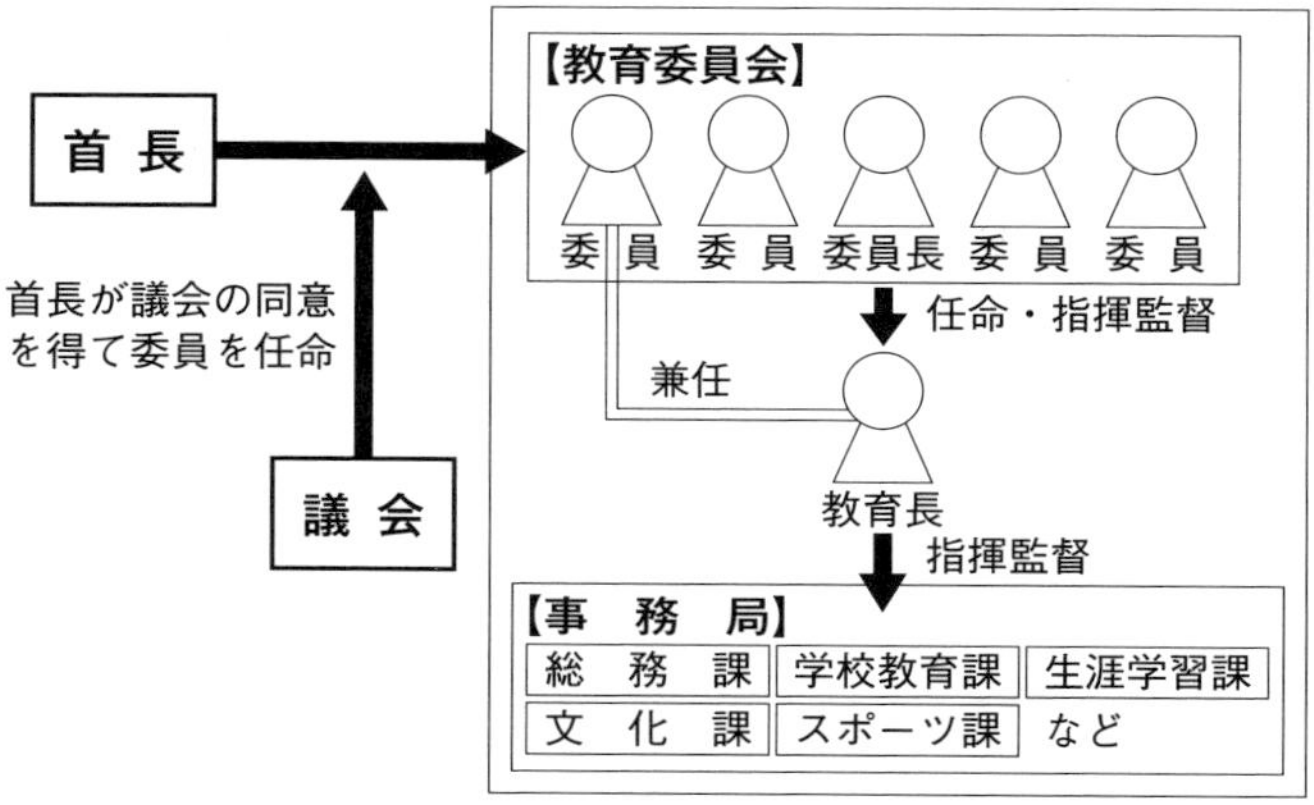

図Ｂ　教育再生実行会議の提言「教育委員会制度等の在り方について（第二次提言参考資料）」

http://www.kantei.go.jp/jp/singi/kyouikusaisei/pdf/dai2_1.pdf

よび市町村等に設置される。会議は、教育委員長が主宰し、教育行政における重要事項や基本方針を決定し、それに基づいて教育長が具体の事務を執行する。教育委員は、非常勤で任期は四年、再任可能である。原則として委員五人で教育委員会を構成する。教育委員長は教育委員会を代表し、教育委員のうちから教育委員会が選挙で選出する。任期は一年で再任可能である。教育長は、常勤で、教育委員のうちから教育委員会が任命する。教育委員長との兼任はできない。教育長になる人は、首長があらかじめ教育長候補者として教育委員に任命しているのが普通である。

教育委員会制度の意義は、「政治的中立性の確保」「継続性、安定性の確保」「地域住民の意向の反映」とされている。これら原則を実効あるものとするため、教育委員会は、

「首長からの独立性」「合議制」「住民による意思決定（レイマンコントロール）」の三点の特性を持つべきとされる。教育委員は、レイマンすなわち素人であり、地域の住民の意向を代表する。どうやって選ばれるかというと、設立当初、教育委員は公選制だったが、一九五六年、一九九九年の改正により首長の推薦、議会の承認によって選出されている。この五名の教育委員によって教育委員会が構成される。素人の教育委員会を支えるために、常勤の専門の職員からなる事務局が設けられ、その長が教育長である。

　教育委員会と国や地方議会との関係は、地方自治法一三八条の二で次のように規定されている。「普通地方公共団体の執行機関は、当該普通地方公共団体の条例、予算その他の議会の議決に基づく事務及び法令、規則その他の規程に基づく当該普通地方公共団体の事務を、自らの判断と責任において、誠実に管理し及び執行する義務を負う。（傍線は筆者による）」と。

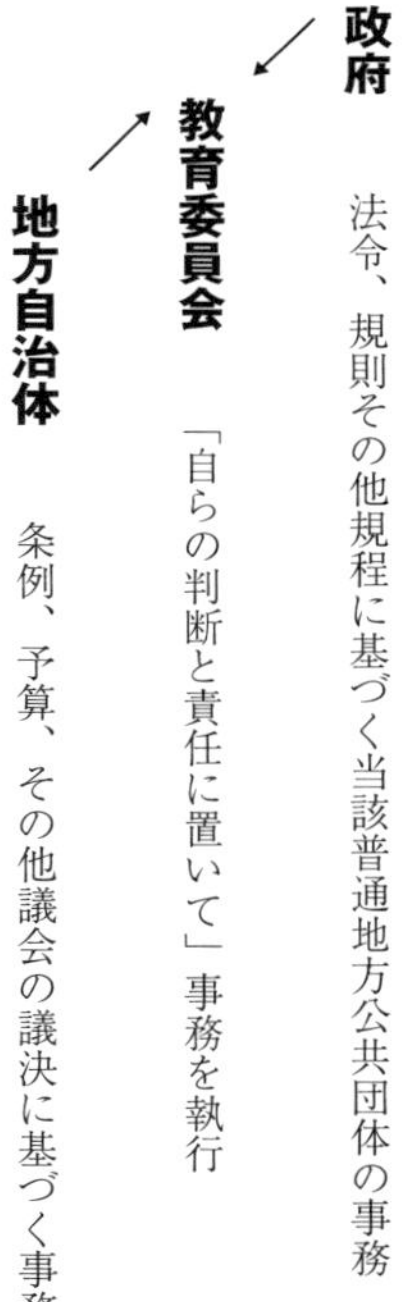

教育委員会は執行機関（同第一八〇条の五）とされ、「自らの判断と責任において」事務を執行する。つまり、首長と同格で、執行機関として独立性が保障されており、議論し行動する委員会とされている。首長への権限集中を避けるためである。これを**執行機関多元主義**という。にもかかわらず、教育委員会と教育長の関係は、首長（＝知事や市町村長）と地方議会の関係に似ている。首長のもとには地方公務員がそれぞれ行政の専門家として仕事をしている。それを統括する責任者が選挙で選ばれた首長である。これを行政機関という。行政機関の仕事の方向性を決めるのが、国で決めた法令および地方議会で議論して決める条例等である。住民の代表の集まりである地方議会は、こうして行政の方向性を決めると同時に、行政機関が法令や条例等に従って仕事をしているかをチェックする。同様に、教育委員会は教育行政の方向性を決めるとともに、教育行政機関が法令や条例等に従って仕事をしているかをチェックする。そこには学校への監督や支援も含まれる。教育委員長は、地方議会議長のようなものである。首長に当たるのは、教育長である。なお教育長は教育委員会の委員でもある。ただし、教育委員会は法的には執行機関と位置づけられているので、大津市のようないじめ事件等が発生した場合には、教育委員長のもとに事態に対処することが期待されている。

その教育委員会の権限は多岐に亘るが、地方教育行政法第二三条が教育委員会の職務権限について規定している。いじめ問題に直接関係するものとしては、学校の管理、教員人事、学校の組織編成、生徒指導、教員等の研修に関することなどの権限を有している。つまり、これらの権限を行使して学校を監督し、支援することができるのである。さらにいじめとは直接関係ないが、教科書の選定や学校の設置なども教育委員会の重要な権限である。

大津市第三者委員会の提言

この教育委員会が、いじめ事件等への対応で問題があったとされたのは既に検討したとおりである。大津市第三者委員会報告書は、その改善策について次のようにいう。「月に1、2回、1回あたり1、2時間の教育委員会定例会で、その役割まで果たせることはできない。そこには、時間の問題をはじめいくつかの課題がある。教育委員会にその役割を求めるのであれば、ある程度の専門性を備えた委員を任命することが必要である。また、教育委員会事務局が執行する事柄を監査する部署を外部機関（第三者）や教育委員会以外の執行機関に置くことも考えられる。」

ここではまず時間の問題が挙げられている。少ない場合には、月に一回、一時間程度の会合というのでは、事務局の報告の追認に終わる以外、他に何もできないと思われる。しかし他に本職を持つ委員たちが、集まる時間を大幅に増やすことは簡単なことではない。したがって、いかに教育委員が住民代表とはいえ、ある程度の専門性を備えた委員を任命すべきだと述べるのである。さらに、事務局の監査を行う部署として、教育委員会から独立した外部機関、あるいは他の執行機関に置くことも検討されている。もちろん、この場合、「首長からの独立性をしっかり担保しながら行うことは言うまでもない。」とされる。

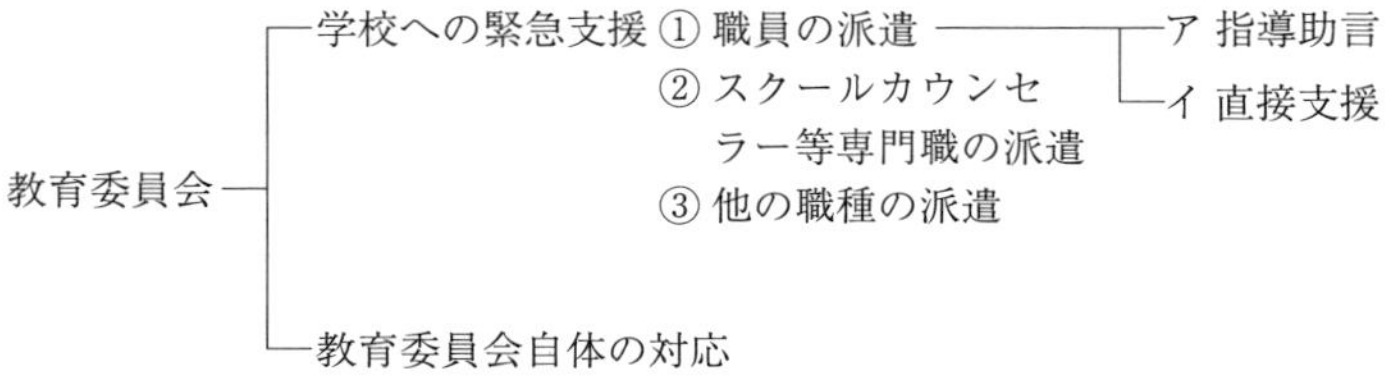

図C　教育委員会の緊急支援の在り方
（大津市立中学校におけるいじめに関する第三者調査委員会調査報告書190頁から）

たしかに、教育委員はいくら素人代表だとはいえ、研修を受け勉強してもらいたいものである。ニューヨーク市では新人メンバーには最初三ヶ月間の研修がある。こうした研修を制度化するのはよいことだと思われる。ただ教育委員は住民代表であることにその本質があるので、専門家だからよいとはいえない。専門家は、今回の大津市において行われたように、独立した第三者機関で活動してもらうことで補うこともできると思われる。教育委員に必要なのは、住民目線であり、意欲のある人物であることである。

岡山県議会で講演した時、ある議員から、自分の出身地の教育委員は、名誉職となっていて、もう二〇年近く替わっていない。こんな教育委員会はいらないという発言があった。たしかにそのような教育委員会ならいらないであろう。しかし、制度の問題と運用の問題は区別して議論すべきである。この場合、制度の問題というより、そのような人たちを二〇年も選出してきたことに問題があると思われる。制度の問題としては、委員に任期を付けることも考えるべきかもしれない。ともかく必要なのは、やる気のある人を選ぶことである。また異論を唱えうる人が入ることも議論を活性化させると思われる。アメリカでは、政党に推薦枠を設けているところもある。地方教育行政法四条は、委員の過半数が同一政党に所属することとなってはならないと規定しているが、日本の場合、党員となっている国民は少ないので意味のある規定とは思えない。むしろ、その趣旨を活かすならば、各政党に推薦枠を設けたらどうであろうか。

さらに、教育委員を直接選挙することも、考える時機にきているようにも思われる。教育委員公選制を廃止した時の事情はもはやなくなっていると思われる。アメリカのいくつかの州や韓国では、教育委員公選制が実施されている。検討の余地はある。

また、教育委員は、事務局の言うことばかり聞くのではなくて、地域住民や児童・生徒の親からの訴えにもっと耳を傾けるべきであろう。アメリカの諸市の中には教育委員の一名に高校生リーダーを一年任期で加えているところもある（西東克介「後掲論文」参照）。高校生の前でいい加減な議論はできないであろうし、将来のリーダー養成の観点からも参考にすべきと思われる。そのためには委員の数をもう少し増やしてもよいであろう。

いじめ自殺のような事件が起きた時、教育委員会は、迅速で、公正な対応ができる体制を取らせなければならない。どういった人材をどのような場面で送ればよいのか、調査報告書によれば、しっかりと見立てるのが教育委員会の仕事であるとされている。教育長の考えを聞きながら決定すればよい。なお、笠岡市では、いじめられている生徒を受け入れる中学校を決めているといった取り組みもなされていた。

大阪府教育基本条例案の検討

この報告書の提言は、改正前の法律を前提にした議論である。これに対し、条例を改正し、首長の言うことを聞かなければ、教育委員を罷免できるようにしようとしたのが、橋下徹知事（当時）が提案した大阪府教育基本条例案である。

大阪府教育基本条例案のいうように、教育委員を首長がいつでも罷免できるようにする方がよいのか、四年間教育を任せるべきか、どちらがよいのであろうか。それを考えるには、まず教育委員会という制度がどうしてできたのかを知る必要がある。そもそも、この制度はアメリカのモデルに起源を持つ。その起源は、プロテスタントの教会運営の経験である。大学の自治を検討したR・ホフスタッターは次のように述べている。教会組織が聖職者自身によって運営されるべきであり、外部の世俗権力の介入から自由でなければならないという原則は激しく非難された。「大いに非難したのは、ピューリタンであるが、彼らについて特異なことは信徒が地域の教会の管理に、大きな役割を果たすようになったことであった」（R・ホフスタッター、一七四頁）。

信徒は教会の運営に参加し、牧師も自ら選んだ。評判の良い牧師を得るために遠くまで足を運ぶこともあったという。しかし、一旦任命したら、牧師を容易に変えることはせず、説教は牧師に任せた。この経験はアメリカの民主主義の基礎となっている。つまり、教会のみならず、学校や大学、企業や政治の世界においても応用されているのである。このやり方によってアメリカは有能な指導者を獲得し、その結果、国を発展させてきたといえる。

教育委員会の運営もまたそうした考えに基づいている。教育委員は、教育に関する住民代表（素人）であり、教会運営でいえば信徒代表に当たる。彼らには住民目線こそ重要である。逆に、教育長には優秀な指導者を選任し、彼または彼女が、教育委員会（住民代表）に説明し了解を得ながら進めるのが、教育委員会という制度の趣旨なのである。

現在、この教育委員を首長が、議会の同意を得て任命している。この住民代表たる教育委員を、首長が決めた目標を達成できないからといって罷免するのは、筋違いというものである。そうであるならば教育委員会など必要なく、首長が直接、教育政策を策定すればよい。しかしそうなると、首長が変わるたびに、教育内容はクルクルと変わり、または選挙もあるので短期的業績を求めて極端な学力向上策が執られるかもしれず、特定のイデオロギーを強要するかもしれない。だからこそ、教育委員会には考え方の違う見識ある人を入れ、彼らが一致できるところで教育内容を決定するという考え方がとられているのである。専門性に基づく「継続性、安定性」「政治的中立性」（＝政治からの相対的独立性）は、やはり重要な原則であって、それを保障するための教育委員に一定の任期が保障され、独立性が与えられているという認識は共有すべきであるように思われる。ただ、現実がどうなっているかは別の問題である。

なお、原案どおりの「教育基本条例」は、成立に至らず、結局、二〇一二年三月二三日修正のうえ大阪府教育行政基本条例として可決・成立した。

大阪府や大阪市の例をみるまでもなく、地方自治体において、教育に対するコントロール権を首長や議会に持たせよと要求する声が地方政治家から上がっている。また、教育委員会廃止を求める声もある。しかし、それは首長たちの一般的な声ではない。東大の村上准教授の調査によれば、現行制度の廃止に反対する首長が全体の六割近くにのぼるという（朝日新聞二〇一三年八月二三日）。そこに寄せられた首長の声には次のようなものがあった。

○「首長が何もかも自己の決定権の下に置くべきだとする改変は疑問。首長の『過信』に基づくとも感じられる『万能感』による教委への過度の関与には『危うさ』を感じる」

○「先生が首長の号令一下、右顧左眄《うこさべん》するような雰囲気では、信頼ある安定した教育は望めない。そのためにも安定的な教育委員会制度が必要」

○「教育委員は教育方針を示しながら選挙で選任するのが妥当。理想の教育行政を展開すべきだ。定員も一〇人くらいであってもよい」

地方教育行政法改正案の処方箋

その後、舞台は国に移り、国と地方との関係、首長と教育委員会、教育長と教育委員会との関係等の対立軸をめぐりながら、教育委員会改革の方向性や具体化が活発に議論された。国の議論の出発点となったのは、安倍第二次内閣のもとに置かれた諮問機関である教育再生実行会議の二〇一三年四月一五日答申「教育委員会制度等の在り方について（第二次提言）」であった。それは地方教育行政の責任者を、首長に一元化する方向性を提言した。その提言の検討が中教審に委ねられ、中教審は二〇一三年一二月一三日「今後の地方教育行政の在り方について」を答申した。そこでは案と別案の二案が併記された。案は、第二次提言に添ったもの、別案は、それでは首長の権限が強くなりすぎるのを懸念したものと言える。この間の議論の詳細は、私の別の論文「地方教育行政と首長の権限――教育委員会改革の経緯と論理の検討」をみてもらうことにして、ここではその結論のみをみてみよう。

安倍内閣は、「民意を代表する首長が教育行政に連帯して責任を果たせる体制」を旗印に、教育再生実行会議の提言に沿って改革が行われることを望んでいた。日本維新の会と民主党は、教育委員会を廃止し、首長を最終責任者とする更なる強硬案を共同提出した。

それに対して、自民党の内部や教育界からは、首長主導の教育には、学力調査の結果など「短期間で目に見える成果」を求めすぎたり、政治思想が強く反映されたりする懸念が示されていた。与党公明党には、教育への政治的影響力を懸念する声が強かったとされる。こうしたなか、与党間で協議がもたれ、二〇一四年三月一三日「教育委員会制度の改革に関する与党合意」が成立する。そこでは、以下の原則が掲げられた。

「①教育の政治的中立性、継続性・安定性を確保しつつ、②地方教育行政における責任の明確化、③迅速な危機管理体制の構築、④首長との連携の強化を図るとともに、⑤地方に対する国の関与

の見直しを図るため、以下の改革を行う。」（丸数字は筆者による）

これらは、以下の原則と課題が認められ、対処されることを示している。①は、教育行政の独立性の原則が認められたこと。②は、教育行政の責任者が、首長なのか、教育委員長が代表する教育委員会なのか、教育長なのか分かりづらく、明確化すべきだという課題があること。③は、大津市いじめ自殺事件にみられたような実態に問題があること。④は、教育委員会の独立性を認めるにしても首長の関与を今以上に強めること。⑤は、文部科学省の関与を強める方向で検討すること、である。

これまでの争点を踏まえると、この改正法のポイントは次の所にある。

1　教育委員会を執行機関として残す一方、教育委員長を廃止し、首長が任免する教育長を教育委員会の責任者に据えた。

1—2　ただし、首長が教育長を罷免する場合の条件は、職務上の義務違反などに限定される現行法を維持し、教育長の独立性に配慮した。また、首長が人選しやすいようにと自民党が「一年」とした教育長の任期を「三年」にし、安定性にも配慮した。

2　教育行政に関して首長は、教育委員や有識者らも交えた首長主宰の総合教育会議を通して関与することになった。会議は、予算の調製、執行や条例提案など、これまでも首長の権限だったものに係る事項等を協議の対象とした。

2—2　教育行政の大綱は、総合教育会議で策定することになった。大綱には、「国の教育振興基本計画の基本方針を参考にする」などと一定の縛りがかけられた。
2―3　会議は、原則、公開することとし、会議の議事録の作成およびその公表が努力義務とされた。これまで見えづらかった、首長と教育委員会との協議過程の透明化が図られた。
2―4　事務局の意見を追認しがちな教育委員会に対して、首長の関与が制度上強まり、事務局へのコントロールが強まることが予測される。
2―5　大綱の書きぶりによっては、特定の教科書選びや極端な学力向上策につながる恐れがあり、教育委員がどれだけ存在感を示せるかが課題となった。
3　教育委員会と首長の職務権限は「現行通り」とされた。教科書の採択、学校の教育課程の編成、個別の教職員人事（採用、異動、昇任等）など、特に政治的中立性、専門性を担保する必要がある事項については、教育委員会の専権事項とされた。
4　新「教育長」の事務執行に対して、合議体の教育委員会によるチェック機能を強化するため、委員は、新「教育長」に対して会議の招集を求めることができ、新「教育長」は、教育委員会規則に定めるところにより教育委員会から委任された事務の執行状況を報告しなければならないこととされた。また、会議の議事録の作成およびその公表が努力義務となった。
4―2　合議体としての教育委員会が執行機関として残された。合議体というのは権力コントロールの一手法であり（カール・レーヴェンシュタイン、二一一頁）、教育長の独断専行をチェックする仕組みとして評価できる。しかし、先に述べた教育委員の活性化は、課題とされなかった。

5　児童、生徒等の生命または身体の保護のため、いじめによる自殺等の防止だけでなく、再発防止の措置を講じさせる必要がある場合にも対応できるよう、文部科学省は、当該教育委員会に対し指示ができるようになった。

以上の内容を持つ「地方教育行政の組織及び運営に関する法律の一部を改正する法律」が二〇一四年六月一三日参議院で可決・成立し、二〇一五年四月一日から施行される。現行制度を原則として維持しながら、責任の明確化、迅速な危機管理体制の構築、首長との連携の強化、文科省の関与のための措置が取られたといえよう。

いじめ防止のためのチェック体制

教育委員会改革はいじめ防止のためだけに行われたわけではない。その総合的評価はこれからの運営のあり方もみながら行わなければならない。ここでは、最後に、この改革によって、いじめ問題への対処が、どのように変わるのかをみてみたい。

まず、教育行政の責任者が教育長であることが明確にされた。今後首長によって、「教育の専門的識見とマネジメント能力に優れた者」が教育長に指名されることになるはずである。候補者が本当にふさわしいかを議会は審議しなければならない。教育長は、いじめ防止法を熟知し、各学校にそれに必要な体制をとらせるよう事務局を通して指導するはずである。地方議会は、いじめ防止対策にどのような体制をとったのか教育長に説明を求めることができる。首長および地方議会は、いじめ防止のための基本的な方針を定めることができる（いじめ防止法一二条）。いじめの相談を受けた教職員や保護者等が学校に通報した時、その通報を受けた学校は教育長に報告することになる（同法二三条二項）。学校からいじめ事件の報告を受けた教育長は、教育委員会を招集し対策を報告し了承を得て、事務局を指揮し、学校に必要な措置を講じ、また教育委員会として必要な調査をするはずである（同法二四条）。教育長の対応に問題があると考える首長は、総合教育会議を招集し、教育委員会にその対応について説明を求め、対策を協議するであろう。そこでの合意に基づいて教育長は行動しなければならない。そこでの会議は公開される。この議論に問題があると考えるならば、地方議会は、首長や教育長に説明を求めるとともに、必要なら決議や条例制定を行うことができる。文部科学大臣は、いじめによる自殺の防止等、児童生徒等の生命または身体への被害の拡大または発生を防止する緊急の必要があると思慮する場合、教育委員会に対して是正の指示を行うことになる。

このように、今回の改正で、いじめ防止のためのコントロール装置が幾重にも施された。このシステムが十全に機能するよう、教育長、教育委員、自治体の長、地方議会議員、文部科学省、そして住民がこれをどう使いこなすかが問われている。まずはその責任者とされた教育長の責任が重大である。

そして、それにもかかわらず児童等に「重大事態」（いじめ防止法二八条）が発生したとき、学校設置者は裁判所によって国賠法上の責任を問われることはすでに詳述した。

第五章　［補論］憲法から考えることの意味

本書はいじめの定義を行うに当たって、いじめられる子どもに、いじめを止めてもらう権利があるかどうかを判断できる定義であることにこだわってきた。つまり、子どもから見て「止めてもらえるいじめ」が分かる定義である。というのも、大河内君に、自信をもって「止めろ」と言える判断基準を与えたいというのが本書執筆の動機だからである。したがって権利にこだわらざるをえなかった。止めてもらう権利があるかどうかが子どもたちにとって重要だからである。同時に、裁判所の定義に留まらなかったのは、事件が起きてからでは遅いからである。その意味で、教室の中で主張できる権利の抽出にこだわってきたともいえるだろう。いじめられている子どもはまず教師に相談するであろうからであり、どういった場合に、教師がそれを止めさせなければならないかを明らかにしたといえよう。

こうして本書は、人権と統治機構とを統一的に把握し、そして統治機構と部分社会の関係まで考察するものとなった。そうでなければ、こどもがいじめにNOと言える関係の全貌が姿を現さないからである。本書は、憲法構造のなかにいじめ問題をおいて考察することによってそのことを可能としたといえよう。

その意味で、本書全体が憲法から考えることの意味を明らかにしているといえようが、ここでは権利という概念を取り上げて憲法から考えることの意味を考察してみることにする。権利とは何であろうか。また権利にこだわれば、法律、判例に依拠しながら検討するのは当然であろうが、それは必要最小限に抑えながら、常にこだわってきたのは、憲法から考えるということであった。なぜ、憲法から考えるのであろうか。法律家の思考の特徴について説明すると同時に、憲法にこだわることの意義について考えてみたい。

法律家のように考える

法律家と非法律家の発想の違い、あるいは考え方にはどのような違いがあるのだろうか。例えば、大河内君の遺書を読んで、非法律家であればどう考えるだろうか。第一章の学生の感想にもあったように、「これがいじめよ、こんなことがあっていいの、悲しいね、おかしいね」と言うかもしれない。あるいは、「そんなことしていいの、そんなことするなんて考えられないよね」と言うかもしれない。つまり、非法律家にとって、法とは、人が何をすることができるか、あるいは、することができないかを指し示すものなのかもしれない。(Kenneth J. Vandevelde, pp. 1-3)。

しかし法律家であればこうした場合何を考えるだろうか。相談を受けた法律家であればきっと次のように考えるだろう。いじめ加害者Aは刑法をはじめとする刑事法に反しているだろうか。

反しているとすれば、警察はAをタイホすべきだろうか、裁判で有罪となるだろうか。また、次のようにも考えるだろう。「大河内君の遺族は、Aおよびその親族に、あるいは学校に、損害賠償してもらえるだろうか」と。

このように、法律家のように考えるということは、事実状況からはじまり、ある過程を経て、当該状況の当事者の権利と義務についての結論にたどり着く、ということを本質的に必要とする。つまり事実状況の説明およびそれについての情緒的感想で終わっては法律家とはいえない。

二つの例で考えてみよう。

例1……Aは朝起きて、付近を散歩した。散歩の途中、困っている老人に出逢った。助けてあげたかったが、声を掛けるのが気恥ずかしかった。そこで老人を見ないようにして帰ってきた。帰ってからも気がかりで、とても後悔した。

例2……Aは朝起きて、付近を散歩した。散歩の途中、違法駐車をしている車を見たのでむかついた。そこで、その車を思い切り蹴飛ばしたら車体がへこんだけれど、自分の足も痛かった。とても後悔した。

この二つの例は、どちらもAが朝起きてからの行動と気持ちが事実として記述されている。では、朝の日記として同じ質を持つであろうか。同じ後悔した事実が述べてあるし、後悔した事実が違うだけである。道徳的にいえば、後悔するようなことはするなという意味で同等とされるかもしれない。しかし法律家にとって、この二つの事例は同じではない。**例1**は、個人の倫理あるいは気持ちの問題に留まるが、例2は、社会的問題を発生させているからである。すなわち、例2においては権利・義務関係が発生している。つまり、車の持ち主にはAに対する損害賠償の権利が、Aには持ち主への賠償義務が発生し、また器物損壊罪など刑事事件に発展する可能性もあるからである。ここでは、権利・義務の確定が必要である。

では、第一に、権利、義務とは何なのか。第二に、それはなぜ発生したのであろうか。第三に、ある事実状況が、権利と義務の関係に変わるのは、どのような過程を経ることが必要なのであろうか。

権利とは正当な要求である

権利というと「若者は権利ばかり主張して」というように、何か悪いことを意味するかのような使われ方をすることがある。自由が、自分勝手を意味し、権利が、自己中心的な私的利益の要求を意味するかのように使われるのは、日本文化の限界、あるいは日本が西洋文化を翻訳によって理解しようとした限界である。

ドイツ語の"Recht（レヒト）"は、英語の"right"（権利）と"law"（法）を併せたような言葉であるが、「右」、「正義」、「権利」、「法」という意味を持っている。つまり権利は、正義に則ったものであり、それを体現しているのが法である。オランダ語で"regt"も同様な意味を持つ。そして日本にはそれに対応する言葉がなかった。ということはそうした考え方がなかったことを意味するかもしれない。

もっとも日本の法制史を研究したE・フェルドマンは、明治時代以前の日本に“right”という言葉そのものが存在しなかったことは、必ずしも“right”という概念や意識が存在しなかったことを意味するものではないと言っている（E. A. Feldman, pp. 16-19）。

それはともかく、明治維新の頃西洋の知識が求められた時、蘭学者箕作阮甫《みつくりげんぽ》は“regt”を、「正しい」の「正」と、法や規則を意味する「律」とを組み合わせて、「正律」と訳した。そうなっていれば、権利とは言わず正律といっていたかもしれない。しかし法も正律となり、区別が煩わしかっただろう。ちなみにドイツでは、それを区別する必要があるときは、権利は主観的Recht、法は客観的Rechtと表記して区別している。日常用語では、これは権利だと言うのと、これは法だと言うのは区別されない。

「権利」という言葉は、一八六四年に北京で出版された漢訳版のウィートン『万国公法』（ウィリアム・マーティン訳）で使われ、この本は一八六五年に阮甫の孫に当たる箕作麟祥《りんしょう》によって日本に紹介された。日本ではその後、“right”の訳を、「権利」とするのか、「権理」とするのかで論争があった。一八六〇年代後半から数十年間は、“right”の訳語として「権利」と「権理」の二つが併用されていたが、最終的に、「権利」が用いられるようになった。

「権理」であれば“right”はそれほど誤解されなかったかもしれない。というのも「権利」という文字には、徳性や正義や正当性と結びつく意味はないからである。「権利」という字と同じ漢字を使った「利権」という言葉は、広辞苑によれば、「業者が公的機関などと結託して得る権益」を意味するとされる。ここに正当性などという意味はまったくない。このことが、権利の主張は、自己中心的、利益追求的、独善的であることを意味するという俗流理解を生みだしている。

では権利は、本来どのように理解すればよいのか。グレゴリー・ヴラストスによれば、権利とは「正当とみなされる要求」、すなわち「正当な根拠をもって要求できるものであり、主張された場合に他者が保証の義務を持つもの」とされる。そして広辞苑によれば、義務とは、自己の立場に応じてしなければならないこと、また、してはならないこと、とされる。つまり権利とは、主張や要求が正当と認められ、それゆえ、ある機関または人に、それに応答する責任（義務）を負わせることができることを意味する。

では、なぜある主張が正当なものとして、権利として認められるのであろうか。

悲惨であれば権利が認められるのか

定義E（85頁）は、身体的精神的攻撃が、深刻な苦痛となるとき、それはいじめであると言っていた。この定義にはどのような法的意味があるのだろうか。この定義が当てはまれば、すなわち、深刻な苦痛があれば、あるいは悲惨な状態にあれば、いじめられている人は救いを求める権利を得るのであろうか。

例えば、生活に困っていて食うにも困る状況の人がいるとする。彼はたしかに困っているが、それゆえに誰かに、例えばあなたに、自分を食べさせてくれという権利を有しているであろうか。また誰かが、友達に嫌われて一人寂しくしているとする。であれば彼女は、誰かに友達になってくれという権利があるだろうか。あなたにそうした義務感が個人的に発生するかもしれないことは別として……。

その人が困った状況にある、あるいはあまりにも非人間的な状況のもとにあるということは、たしかに同情すべきことであるが、だからといってそこに何らかの権利がそれゆえに発生するわけではない（奥平康弘、二四頁）。同様に、大河内君が非人間的状況にあるからといって、それゆえに直ぐさま彼に権利が発生するわけではない。では彼は、なぜ、どういう権利を持つのであろうか。その場合、誰が義務を負うのであろうか。それはなぜか。

権利と認められるには何が必要か

大河内君の悲惨な事例に対して、定義G（90頁）、H（95頁）、I（100頁）は、その事実に対してあるべき解決をもたらす規範を探し、それに基づいて、いじめを解決する方法を考えていた。規範に基づいて思考するというところに法律家の一つの特徴があるが、この規範とは何であろうか。かわいそうな人を見た時の、法律家の思考の順序を見てみよう。

1．人が不当な扱いを受けているとき、具体的事実に即して、こんなことがあってはならないよねと考える。

2. 不当な扱いを受けている人は、どんな権利を侵害されたのだろう。いじめ加害者は何に違反したのだろう。学校にはどんな責任があるのだろうと考える。
3. どういう補償を行い、罰を与えるべきであろうかと考える。
4. 憲法・法律を精査し、裁判所の判例を調べ、この事実に当てはめるべき規範を確定する。
5. この事実状況に対して、規範から概念を組み立て事実に適用し、権利・義務を明らかにする。

ここで非法律家と法律家との違いは、「2」段階から生じているかもしれないが、典型的に異なってくるのは「4」「5」の過程を踏むか否かであろう。いじめにかかわる事実を調べれば、誰が悪いのか、大河内君はどうすべきだったのか、償いを受けるべきだろうか等について感想を持つことはできる。しかしいくら事実を調べても、権利・義務は確定しない。というのも「4」はその事実からは出てこないからである。ではなぜ「4」の過程が重要なのであろうか。それは、ある状態にある人に、権利・義務があるかどうかは、憲法、法律、判例によって決まるからである。

憲法や法律を規範という。判例は、その規範の裁判所による解釈を示している。規範とは何であろうか、なぜ、どうやって権利を生みだす力を持つのであろうか。

神の命令は世界を変える

ところで、規範とは一般に当為（Sollen＝ゾレン）を表すと言われる。当為とは「こうあるべき」

という要請である。

例えば、人を殺した人がいるとする。これは事実（Sein＝ザイン）である。これについて善悪の判断はまだない。これが悪であるという判断は、「人殺しはいけない」という当為＝規範があって初めて成立する。規範がないからといって事実がなくなるわけではないが、規範がなければその事実を評価できない。また、その規範は時代や文化によっても異なる。江戸時代に親を殺された武士が、敵討ちをしないと、かえって非難されたことは知ってのとおりである。

なぜ、「こうあるべきである」という当為が事実を変える力をもちうるのであろうか。社会を律する規範はどのようにして生まれたか。人類史上最も有名な規範はモーゼの十戒であろう。「汝、殺す無かれ」は聞いたことがあると思う。それは神の意志として伝えられた。それは神の命令だからこそ、人々はそれに従わなければならないと考えられた。神には当然に、規範を定律する権威が認められるからである。こうして、人殺しや盗みは、してはならないこととなったのである。

規範は、古くは神の命令として、あるいは「昔からずっとそうしているから」という伝統に基づいて、人の行動を規律する権威を得てきた。王は、そうした神の命令や伝統を具体化する者とされ、彼の命令は、そこに権威の源泉を有した。もちろんそうでないときもあったが、そのときは王の権力が、王の命令の基盤であった。しかし権威の裏付けのない権力は短命に終わらざるをえなかった。

しかしさらに進んで、伝統を乗り越えて権威を獲得した英雄もいないわけではない。その場合、彼の命令が規範としての権威を獲得した。そうした支配を、マックス・ヴェーバーはカリスマ的支配と呼び、伝統的支配から区別している。

権威と権力

ところで権威と権力という言葉が出てきたが、法律を考えるうえで大事な言葉なので説明しておこう。

権威（authority）というのは、「正統な」という意味を有し、「正統な権力」そのものを意味することもある。"authority"を「当局」と訳すのは、後者の例であろう。またそこから「権力」的要素を除去すれば、広く人々に認められた、社会的に承認を受けたという意味になる。あの先生は、「心臓外科の権威だ」と言うのはそうした使い方である。

権力（power）とは、一般に、ある者が、他者をその意志に反してまでもある行為に向かわせることができる力をいう。社会の諸領域でそれぞれの権力が存在しているが、特定の地域内において究極的優位性を有し、不服従に対しては合法的に物理的強制力（経済外強制）を行使しうるものを政治権力ないし公権力（＝主権）という。

ちょっと難しくなったので、一つの例を挙げよう。ケルゼンというドイツの憲法学者は次のような例を挙げている。

あなたが誰もいない山を歩いている時、XがYに銃をつきつけて、Yの荷物を探り、その後、後ろ手に縛っているのを目撃したとする。あなたはXの行為について「正しい」と思うだろうか、「悪いことだ」と思うだろうか、と。

普通の人は、Xの行為を「悪いことだ」と考えるだろう。Xはきっと山賊か何かで、不運な通行人から金目のものを強奪しようとしているのだと。

しかし、もしXに、警察官の制服を着せて、Yにさも泥棒らしい服装をさせたらどうだろうか。とすれば、みなさんは、Xの行為を正当だと考えるようになるだろう。

この場合、XがYに銃を突きつけて、荷物を探り、後ろ手に縛っているという事実に違いはない。ここで行使されているのは「権力」である。つまりXはYの意思に反してまで、荷物を探り、後ろ手に縛るという行為を強制する力を持っている。これは事実の問題である。ではこの行為は「正当」であろうか。

ある行為が「正当」か否かは、Xがそうする「権威」を有しているかどうかで決まる。Xが泥棒であれば、Xは、そうした権威を有していない。それゆえ、皆さんは、この行為を「悪い」と考えたのである。しかしXが警察官であれば、Xにそうした「権威」があると考えたので、それは「正当である」と考えたということになる。

「権威」という価値観＝眼鏡で、ものを見ないことを、ドイツ語では、ザッハリッヒ“sachlich”＝即物的と言う。即物的にいえば、XがYに権力を行使していることに変わりは無い。しかし人は一般には、「権威」という眼鏡でものを見ているのである。

これが権威の意味である。しかしそれが眼鏡だからといって、眼鏡をかけることが間違いだとか、誤りだとかいうわけではない。自分がどういう眼鏡を掛けているかを自覚し、常に検証することが大事なのである。こうした観点からすれば、Xがなぜそうした「権威」を有しているのか、それは正当かを検討しなければならないということになる。

Yが悪い人だからだろうか。しかしYが悪い人かどうかは、あなたがこの行為を目撃している時には分からないだろう。あるいはYが悪い人だとして、あなたが彼に銃をつきつけYの自由を奪う権利があるだろうか。

では、Xが、警官の制服を着ているからであろうか。しかしそれなら、あなたが警察の制服を借りてくれれば、人を逮捕できるであろうか。制服を着ていない警察官は、Yを逮捕できないのであろうか。

Xに権威を与えているのが制服でないとすれば、XにYを逮捕する権威を何が与えているのであろうか。

神の命令から立憲主義へ

古代社会において、警察官は、王に任命された者＝官吏であるがゆえに、その権威を有したと思われる。では王はなぜその権威を有したのか。これも先に述べたように、神の意志あるいは伝統を体現し、行使するのは王であると考えられたからである。では、今日、その基盤は何に求められているのか。

近代国家においては、後に述べるように、憲法が規範の源泉である。マックス・ウェーバーは、前者を伝統的支配、後者を合法的支配と呼んでいる。この支配構造の転換はどのようにして起こったのか。

この転換期に当たるのが、近代市民革命の時期であり、そこで活躍した思想家たちが、イギリスではジョン・ロック、フランスではジャン・J・ルソー、アメリカではトマス・ジェファーソンやジェームズ・マディソンなどのフェデラリスト、などの人たちである。伝統的支配からカリスマ的支配への転換をもたらしたのが、ジュリアス・シーザーなどの英雄だったとすれば、彼らこそ、合法的支配への転換をもたらした英雄たちであったといえる。だからこそ、憲法を論じる者たちは常に彼らの思想を振り返るのである。本書でもジョン・ロックの思想をしばしば参照してきたのはご存じの通りである。

ところでアメリカのフェデラリストたちは、神の命令と立憲主義をそれほど違ったものと考えていたわけではないと思われる（井口文男『憲法Ⅱ』、七頁）。アメリカ独立宣言では人権は次のように語られていた。「すべての人間は平等につくられ、造物主によって一定のゆずりわたすことのできない権利をあたえられていること、これらの権利のうちには生命・自由、および幸福の追求が含まれている」と。

造物主とは神のことである。神の与えた権利を保障するのが憲法であった。つまり言ってみれば、神の命令を理性的に解読したのがアメリカ憲法とされたともいえる。ただし、憲法を解読する権限は、以後、議会、そして裁判所に与えられたのであるが。

理性による立憲化を、より直接的に表現しているのはルソーである。ここではルソーの言葉を紹介しておくことにする。これは『社会契約論』からの一節である。ここでいう立法者とは憲法制定者と理解してよいだろう。

「立法者はあらゆる点で国家の非凡な人間である。……立法者は、施政者でも主権者でもなく、その職責は国家を組織することであり、国家の構成のなかには位置をしめない。それは特別な高級な機能で、人間の支配と何の関係もない。……

立法という作業には両立しがたい二つのものが同時に見出される。まず人力をこえた計画、ついでそれを遂行するための無にひとしい権威である。……

もう一つの困難を注意すべきである。賢者たちが通俗的なことばではなく、自分たちのことばで一般大衆に話しかけても、理解されないだろう。……したがって、このように、立法者は力を使うことも、理屈を使うこともできないため、必然的に別の種類の権威、すなわち暴力をふるわないでも世論を導きうる、説得しないでも同意させうる権威に頼ることになる。

こういう事情からして、あらゆる時代に国家の始祖たちは、天のたすけに頼り、彼ら自身の知恵をもって神々の栄光をたたえざるをえなかった。……立法者は、人間的な思慮分別では心を動かすことのできない人々を、神の権威をもって導くために、神々の口をかりてこの理性の決定を伝えるのである。……石版に彫りつけたり、神託を買収したり、……（しかし）この関係を永続的にするのは、知恵だけである。いまなお存続しているユダヤ法、十世紀この方、世界のなかばを支配するイスマイルの子（マホメット）の法は、これらの法を制定した偉人を今日なお物語っている。……真の政治家は、両者の制度のなかに、永続的大事業を支配するこの偉大で強力な天才をたたえるのである。」（ジャン・J・ルソー、五五—五八頁）

ここからは、神の命令とされたものを理性によって置き換え、理性による合法的支配への転換を目指し、知恵を絞った思想家たちの志を読み取ることができるように思われる。

憲法とは国家権力に正当性を付与する最終的源泉である

もう一度、XとYの例に戻ろう。XがYを逮捕できる権威はどこから来たのか。Xが警察官の制服を着ているからではないことは確認できるだろう。では、Xが警察官だからであろうか。これは半分当たっている。では、この警察官が私生活において、買い物に行った時、店の店員の応対が悪かったからといって、その店員を逮捕できるであろうか。

そんなはずはないだろう。警察官がYを逮捕できるのは、法律がそれを彼に認めているからである。では、なぜ認めているのだろうか。警察法二条は次のように規定している。「警察は、個人の生命、身体及び財産の保護に任じ、犯罪の予防、鎮圧及び捜査、被疑者の逮捕、交通の取締そのた公共の安全と秩序の維持に当たることをもってその責務とする」と。そしてそのために警察官が取り得る行為を、警察官職務執行法などの法律によって定めている。

つまり、国民の人権を守るため、そして公共の安全と秩序を維持するために、法律は警察官に一定の権限を与えているのである。権限とは、正当な権力のことである。つまり警察官は、警察法が定める目的のために、権力を行使する権威（＝権限）を有している。逆に言えば、法律が定める目的以外のことについて権限はない。

したがって警察官といえども、私生活において、応対の悪い店員を逮捕する権限はない。

このように、警察官に逮捕する権限を与えているのは、法律であることが確認できる。そのくらい当たり前のことではないかと思うかもしれない。では法律はどうして、警察官に逮捕する権限を与えることができるのであろうか。

このように質問すると、皆さんは、きっと、それは国会が法律をつくったからであると答えるだろう。では、なぜ国会がつくった法律にはそうした権威があるだろうか。すると、国会には、国民が民主的に選挙で選んだ議員たちがいて、彼らが、法律をつくったからだと答えるかもしれない。ではなぜ、民主的に選出された議員たちは、このような法律をつくる力を持っているのか。戦前の日本では議員は普通選挙で選ばれない時期があったが、それでも国会はそうした権限を持っていたのではないだろうか。

こうして次々に質問していくとキリが無いと思うかもしれない。しかしキリをつける答えがある。これがこの節の標題、「憲法とは国家権力に正当性を付与する最終的源泉である」という命題である。

つまりなぜ、国会に法律をつくる権限があるかと言えば、憲法四一条が、「国会は、国権の最高機関であって、国の唯一の立法機関である」と定めるからである。国会議員が民主的に選出されなければならないのは、憲法四四条がそう規定しているからである。それ以上に、権威の根拠は遡らない。

では、憲法がなぜ、あらゆる公権力にとって権威の源泉となりうるのだろうか。それについて日本国憲法は上諭で、つまり憲法を公布したときの天皇の言葉であるが、次のように述べている。「朕は、日本国民の総意に基いて、新日本建設の礎が、定まるに至ったことを、深くよろこび、……」と。つまり、日本国憲法を新しい日本の礎、つまり基盤とすることを日本国民が総意で決めたからであると。したがって日本国憲法の制定主体は日本国民（people＝人民）である。

他方、国家の構成員は憲法を守ることを誓い、それによって権力を行使する正当性を獲得する。憲法九九条は、「天皇又は摂政及び国務大臣、国会議員、裁判官その他の公務員は、この憲法を尊重し擁護する義務を負う」と規定するが、九九条が定めるのはこのことである。

近代憲法のある国は、そうした仕組みを持っている。アメリカの大統領就任式で、大統領は憲法に忠誠を誓う。また最近国王が交代したオランダやベルギーでも即位式で、国王もまた憲法に忠誠を誓っていた。そのことにより国家権力は正当な公権力となるのである。日本でも即位式で現天皇は、「皆さんとともに憲法を守り」と述べた。ちなみに、この「皆さん」に国民は入らない。「皆さん」は即位式に列席した三権（国会、内閣、裁判所）のメンバー、すなわち憲法九九条が定める人たちのことである（高橋和之一九九〇年、七〇頁）。国民は、後述するように憲法を守りようがないのである。

そう、憲法を守らなければならないのは国家なのである。憲法は、四一条で「国会は、国権の最高機関であって、国の唯一の立法機関である。」、六五条で「行政権は、内閣に属する。」、七六条で「①すべて司法権は、最高裁判所及び法律の定めるところにより設置する下級裁判所に属する。」と規定する。つまり憲法は、国会は立法権を、内閣は行政権を、裁判所は司法権を行使しなさいと命じているのである。これを国民が守ることは不可能である。守らなければならないのは、国会であり、内閣、裁判所であり、つまり国家である。そして行政は、国会が制定した法律に基づいて行動しなければならず、裁判所には、法律および法律の執行が憲法に反していないかを見張る役割が与えられる。こうして、国家全体が、憲法を踏まえた法律にしたがって行動する仕組みがつくられたのである。これを法の支配という。

警察法もまた、「この法律により警察の職務を行うすべての職員は、日本国憲法及び法律を擁護し、……その職務を遂行する旨の服務の宣誓を行う」と規定し、警察官にこのことを命じている。つまり、警察官が、王様や特定の政治家や個人に仕えるのではなく、法律に従うことを命じているのである。これによって、国民の人権が保障されるという憲法構造が構築される。また民意による支配ではなく、法の支配であることにも注意が必要である。民意が政治を動かすには、法律という形式を取らなければならない。

このような日本国憲法が日本国の基盤であるというのは、その内容が、その基盤にふさわしいからでもある。つまり、日本国憲法の基礎には、人権の保障という考え方があり、その中心的概念が、「個人の尊重」である。それについて憲法一一条がそれを保障し、憲法九七条がその意義を説明する。憲法一一条「……この憲法が国民に保障する基本的人権は、侵すことのできない永久の権利として、現在及び将来の国民に与へられる。」。憲法九七条「この憲法が日本国民に保障する基本的人権は、人類の多年にわたる自由獲得の努力の成果であつて、これらの権利は、過去幾多の試錬に堪へ、現在及び将来の国民に対し、侵すことのできない永久の権利として信託されたものである。」と。

民主主義と人権の関係はしたがって、人権を基礎にしてはじめて民主主義を語りうるのである。民主主義で人権を破壊することは許されない。そのことを表現しているのが、近年、安倍内閣が改憲の対象として注目を集めた憲法九六条である。

憲法はどうして硬性なのだろうか

日本国憲法九六条は憲法の改正について規定する。それによれば、この憲法の改正には、各議院の総議員の三分の二以上の賛成が必要で、それがあれば国会は、憲法改正を国民に提案でき、それに国民の過半数が賛成すれば改正が成立する。すなわち、通常の法律改正より改正が難しくなっている。それはなぜなのだろうか。

憲法とは、家でいえば礎石に当たることは既に述べた。家の礎石をいたずらにいじっては、そのうち我々の住んでいる家（＝国家・社会）はガタガタになるだろう。礎石をすげ替えることは、革命を意味する。フランス革命以降、フランスは革命やクーデターを重ね、憲法を次々と変えてきた。憲法が安定しないとはあのような状態を意味する。憲法は、法の法であるがゆえに、法律以上に変えにくくしているのである。

他の国ではもっと憲法を変えやすくしてあるのに対し、日本では、各議院の三分の二とされ、要件が厳しすぎるなどと言われることがある。これは大きな間違いである。例えばアメリカ合衆国憲法第五条は、「連邦議会は、両議院の三分の二が必要と判断した場合には、この憲法の修正を提案する。またそれぞれの州の三分の二の立法府の要請があった場合には、修正を提案する憲法会議を招集しなければならない。いずれの場合にも、憲法修正は、各州の四分の三の立法府によって採択され、あるいはその四分の三の憲法会議によって採択された場合には、あらゆる意味において完全に、この憲法の一部として効力を有する。」と規定し、日本国憲法より要件は厳しい。それにも関わらず、奴隷廃止条項、男女平等条項の新設など、憲法改正を行ってきたのである。その苦労の一端を、スピルバーク監督の映画「リンカーン」で見ることができる。

ところで、憲法改正の要件が厳しいのにはもう一つの理由がある。仮に、自民党改憲案のように議員の半分で提起できるようになれば、憲法はその時々の政治的熱狂によってたまたまの多数で憲法が変えられるようになる。つまり国民に人気のある政治家が自分への信任を憲法改正と結びつけ、国家の姿を変えていくことができる。そのような例を人類はいくつか持っている。その典型がヒトラーである。それによって深刻な人権侵害が行われたが、それは民主主義の名のもとで行われた。そうした経験を経ることによって、民主的に成立した政府の行為や法律といえども人権に反しないかチェックが必要であるという考え方が広がった。それまで法律を裁判所が審査し無効にできる違憲審査制などという制度があったのはアメリカ合衆国だけであったが、第二次世界大戦後、ドイツやフランスも憲法裁判所や憲法院を持つようになった。こうして憲法は、より高次の法として、法律の違憲審査の基準となった。それゆえ、法律より改正が厳格になっているのである。

そのドイツでさえ、憲法改正は、国民投票は必要とされておらず、各議院三分の二の多数で改正できるではないかといわれることがある。しかしそこにはむしろ国民投票（民主主義）への不信を読み取るべきだろう。ドイツ基本法によれば、人間の尊厳、国民主権、権力分立、連邦共和制、社会的法治国家などの基本原則の改正はできないとされているのである。このような原則に抵触する憲法改正は、憲法裁判所により「憲法違反の憲法」とされ無効となる。ヒトラーが憲法に反してもそれをチェックする機関がなかったことに鑑み、戦後のドイツは憲法裁判所を置くことにしたのである。これは人権が民主主義の上位に置かれたことを意味する。

日本国憲法の場合も、人権を保障し、その人権保障を確実にするために民主主義を置いたことに変わりは無い。それゆえ、民主主義によって人権を国民から奪うことは本来許されることではない。そのために、憲法改正を敢えて厳しくしているのである。そしてそれを国の礎とすることによって憲法は、法律の正当性の基礎となり、法律の正当性判断の基準となるのである。日本国憲法八一条が、「最高裁判所は、一切の法律、命令、規則又は処分が憲法に適合するかしないかを決定する権限を有する終審裁判所である。」と規定するのもその理由からである。どの国も、その国の礎石を守る工夫をしているのである。

日本という国家・社会の基礎に憲法が置かれていることが少しは分かってもらえただろうか。だからこそ、いじめの問題を考えるに当たっても、憲法を常に意識し、それと思考的往復を繰り返すのである。そのことによって、その思考は、誰にとっても納得できる基盤を得ることができるのである。ヘーゲルが概念によって考えるといっていたのも、まさにこうした意味であった。そして、それがいじめ問題を憲法から考えるということの意味である。

部分社会と国家

ところで、国家が憲法によって秩序づけられているにもかかわらず、社会には、例えば町内会などをみても、封建的であったり、前近代的公私関係が残っていたり、さらには、「中間集団全体主義」（内藤朝男『いじめの社会理論』一四頁以下）というべき様相を帯びる部分社会もある。こうした部分社会に対して、国家はどう対処すべきなのだろうか。この問題は第三章（143頁）でも検討したが、ここでもう少し詳しくみてみたい。そのためにはまず、国家と社会制度との関係がどうなっているかを検討する必要がある。

田中耕太郎の部分社会論

国民の生活において警察や裁判所のお世話になることは少ない。それはよいことであろう。例えば、夫婦喧嘩が絶えないからといって、その度に警察が介入し、裁判所に訴えているわけではない。大部分は、自分たちで自主的に紛争を解決しているのである。そしてそのルールがなんであれ、自分たちの間で紛争が落ち着いていればそれはそれでいい。それで納得いかない者は、裁判に訴えて、憲法、法律に基づいて裁判を受けることができるようになっている。

右の例は個人と個人との間の問題（私人間問題という）であるが、一定の社会（＝人の集まり）においてはその社会のルールに基づき自主的に紛争が解決されている。例えば、プロ野球にはオーナー会議やコミッショナーがいて、ボールはどの程度飛ぶものがよいかとかドラフト制度をどうするかなど大きなルールを決めていて、個々の試合については審判がいて、試合を裁いている。いまの球はボールかストライクかなど、裁判に訴えることはない。まさに「社会あるところ法あり」と言えるだろう。この個々の社会を本書は、部分社会と呼んでいる。なお社会という言葉も色々な意味で使われる。例えば、ヘーゲルは国家と社会の二元主義という観点から、社会は欲望の体系＝利の世界であるとし、倫理の体系である国家と対置し、国家の重要性を訴えた。これに対しマルクスは、この社会とは、等価交換による商品交換の世界であり、社会こそが価値を生みだすと述べている。図Ⅰ（147頁）にみる社会関係はこの意味に近い。しかし部分社会論で言う社会は、英米的な意味で、人の集まり、結社を指すものとして使う。オックスフォードの政治学辞典は、英米的意味での社会を次のように定義している。「社会とは、多かれ少なかれ、ある程度の共通の利益、価値観または目標を持ったほとんどあらゆる形態の結社を意味する」（The Concise Oxford Dictionary of Politics 3rd. ed. 2009）

第三章で紹介した末弘厳太郎は、社会のなかに存在する「生きた法」の存在を指摘し、その研究を推し進めるべきだと述べていた。その彼は、やくざ社会にも法があると述べている（『法学入門』七三頁）。では、やくざ社会内部を規律する法（行為規範）と、裁判所が適用する憲法と法律（これを裁判規範と呼ぶ）とは同じ性格なのだろうか。そんなはずはないだろう。前者は封建的、義理人情的あるいは人権無視の反憲法的価値観を有しているかもしれない。後者は、人権思想に基づいている。

もちろんやくざ社会も憲法的秩序に基づいた行為規範を持つべきであろう。しかしそうでないことは誰もが知っている。第一そんなことが可能なら、やくざはやくざでなくなっているだろう。そしてやくざすべてを撲滅する力が国家にないのと同様、やくざ社会の行為規範を、憲法秩序にもとづいた行為規範に変える力が、今日の国家に無いことも周知のことである。

最高裁長官を勤めた田中耕太郎はその著書の中で次のように述べている。「従来法学の範囲では、法とその基礎たる社会的実在との関係が十分に認識されなかった。法はたんに国家または主権者の命令と認められていた。国家的法のみが唯一の法であり、法典が主たる法源であり、慣習法の拘束力も結局国家に求められたのである。しかし国家は決して唯一の社会」ではない。社会には「無数の団体が存在する」。例えば、地方公共団体、商工会議所、公益法人、会社、協同組合、相互保険会社、政党、学会、宗教団体、労働組合などがあり、「これらの団体はすべて法によって――法のみによってというのではない――維持される」(『法律学概論』二〇頁)と。

ここでいう「法」は先に述べた行為規範であり、したがって「その内容・その効力において国家的法と同一でないことは勿論であるが、それがなおその社会内の人間と人間との関係を規律する外部的規範」であり、したがってそれも法と認められるというのである。

なお、ここで挙げられた団体は、国家と社会の二元論的意味で、国家に属するものもあれば、社会に属するものもある。これを日本の裁判所は、部分社会と総称している。したがって、ここでいう社会とは、国家と社会の二分論に基づく社会ではなく、先の英米的意味での、人の集まりということに注意しておく必要がある。もちろん、国家は、憲法および法(裁判規範)によって規律されるが、それでもなお、その内部組織においては、裁判規範から離れた自律的規範(行為規範)の存在が認められ、また社会にも同様に自律的規範を持つ団体が認識されるというのである。

では、この行為規範と裁判規範はどういう関係に立つのであろうか。あらゆる社会の行為規範を、憲法と法律の下に置くことが困難なことはすでに述べた。では、裁判において、部分社会の自律性を認めて、この行為規範に基づいて裁判をすべきなのであろうか。つまりやくざを裁くにはやくざのルールをもってすべしとなるのであろうか。しかしそうなれば、憲法と法律に基づく法の支配によって、国民の人権を保障しようとする近代国家の試みは画餅に帰すことになろう。

この調整を行ったのが、田中耕太郎が唱え主導した部分社会論である。田中耕太郎は、戦後日本の学者のなかでもスケールの大きい人物であり、日本国憲法にも名前が出ている人物なので紹介しておこう。彼は一八九〇（明治二三）年に生まれ、一九三七（昭和一二）年東京帝国大学法学部長に就任。専攻は商法である。戦後、一九四五（昭和二〇）年一〇月に文部省学校教育局長に就任し、翌年五月第一次吉田内閣に文部大臣として入閣、文相として日本国憲法に署名している。その後も文相として教育基本法制定に尽力した。一九五〇（昭和二五）年に参議院議員を辞職して、最高裁判所長官に就任、閣僚経験者が最高裁判所裁判官になった唯一の例である。長官在任期間は三、八八九日で歴代一位。長官退職後、一九六一（昭和三六）年から一九七〇年にかけて、国際司法裁判所判事を務めている。良かれ悪しかれ戦後日本法の土台形成にかかわってきたと言える人物である。

判決のなかの部分社会論

その彼が最初に部分社会論を展開したのは、米内山事件最高裁判決の中であった。この時、彼の意見は少数意見にとどまっている。そこにおいて彼は、団体内部の問題は団体内部の行為規範に任せ、裁判所はそれに介入せず、一般法秩序に関連する限りで、裁判所は、憲法・法律に基づいて介入すべきであると説いた。つまり、やくざ社会の内部問題はやくざ社会に任せ、やくざが一般市民に違法に手を出した時、あるいは内部問題であれ、刑法等法律に触れるような行為をしたら、法律によって裁くというように一線を引くべきだと述べたのである。

「法秩序は社会の多元性に応じて多元的である。それ等の特殊的法秩序は国家法秩序即ち一般的法秩序と或る程度の関連があるものもあればないものもある。その関連をどの程度のものにするかは、国家が公共の福祉の立場から決定すべき立法政策上の問題である。……裁判所が関係する法秩序は一般的のもののみに限られ、特殊的のものには及ばないのである。もし裁判所が一々特殊的な法秩序に関する問題にまで介入することになれば、社会に存するあらゆる種類の紛争が裁判所に持ち込まれることになり、一方裁判所万能の弊に陥るとともに、他方裁判所の事務処理能力の破綻を招来する危険なきを保し得ないのである。裁判所は自己の権限の正しい限界線を引かなければならない。（傍線は筆者による）」と。

この米内山事件では少数意見に留まった部分社会論であるが、彼の退官後、富山大学単位不認定等違法確認請求事件において、最高裁判所の多数意見となり、次のように定式化された。それを引用しよう。

「ひと口に法律上の係争といつても、その範囲は広汎であり、その中には事柄の特質上裁判所の司法審査の対象外におくのを適当とするものもあるのであつて、例えば、一般市民社会の中にあつてこれとは別個に自律的な法規範を有する特殊な部分社会における法律上の係争のごときは、それが一般市民法秩序と直接の関係を有しない内部的な問題にとどまる限り、その自主的、自律的な解決に委ねるのを適当とし、裁判所の司法審査の対象にはならないものと解するのが、相当である（……）。（傍線は筆者による）」と。

ここでは部分社会論が、まずは認識のための理論として役立つことを指摘しておきたい。つまり日本という社会は、憲法・法律によって規律された国家を頂点とする団体によってすべてが構成されているというわけではなく、様々な団体が存在している。それぞれの団体内部にはそれぞれの行為規範があり、自律的に活動している。そこには憲法的秩序とは無関係の規範も存在している。そしてそれを田中耕太郎は多元的社会と呼んだ。そして、部分社会内部の問題は部分社会の自治に任せ、裁判所は、ある行為が一般市民法秩序と直接の関係を有する時にのみ介入すべきであると述べたことは、第三章でも紹介した。

この部分社会論に対する憲法学からの批判についてもそこで検討した。ここではさらに、次のことを問題としたい。もし社会に存在する部分社会の多くが、封建的あるいは中間全体主義的なままであれば、そこでの人権侵害が放置されたまま、それら文化が再生産される可能性がある。そして、そこから逆の流れが起こり、民主主義を媒介に、憲法秩序自体が脅かされる危険性が生ずるかもしれない。この問題をどう考えるべきであろうか。

しかしながら、第三章でも検討したように、日本国憲法は、それらを部分社会として放置するのではなく、部分社会に対して、その性格に応じて、国家的後見によって、個人の尊厳が保障されるような仕組みをつくっている。

その場合に重要なのは、いかに国家が民主的に形成されようとも、国家が社会から相対的に独立し、「個人の尊厳」の後見人であるべきことである。それは国家作用全般にわたって要請されるが、特に本書との関係では、教育の独立と、司法の独立が重要である。教育は、「個人の尊厳を重んじ、真理と正義を希求し、公共の精神を尊び、豊かな人間性と創造性を備えた」「人格者」を育成しなければならないといった意味で、社会（地域共同体、家族、企業、結社、宗教団体等）から独立すべきである。また司法は、社会多数派の意向にもかかわらず、「個人の尊厳」を守る砦であるという意味で社会から独立していなければならない。それゆえに、田中耕太郎は、「司法権と教育権の独立」を説いたのである（田中「司法権と教育権の独立」）。

もちろんそれは、司法や教育が、社会から超然として無関心でいいといった意味ではない。社会が、裁判所を自分たちの尊厳を守る砦として尊敬し、また学校を、自らの子どもを「人格者」として育成する場として尊重するという意味で、両機関とも、尊敬に基づいた独立を獲得しなければならない。教育委員会の意義はまさにそこにある。そしてそれらがその期待に応えることができないならば、「人民はそれを改廃し、彼らの安全と幸福をもたらすものと認められる諸原理と諸権限の編制に基づいて、新たな政府を組織する権利を有する。」（アメリカ独立宣言）のである。もちろん社会から学び、社会で生きる力を育成することも求められる。しかしそれは社会への従属であってはならない。必要なのは、自律した個人が社会で生きていく力である。

ついでに言えば、大学の自治つまり大学の独立性もまた同様の観点から重要である。

アメリカでは、多くの大学生は大学の寮に入り、社会から切り離された大学のキャンパスで大学生活を送る。そこで学生は、学問の自由のもと、「真理の解明と人格の完成」の世界にドップリと浸る。アメリカの最高裁判事であったフランクファーターはある判決のなかで、「熟考と実験と創造に最も資する雰囲気を提供することが大学の任務である」と述べている。また別の判決は、大学においては多元性が保障されねばならず、「国の将来は、幅広い影響を通して訓練されたリーダーにかかっている」としている。（V. C. Jackson & M. Tushnet, 一二〇四頁）。アメリカではこうした雰囲気のなかで人間教育が行われていることにも留意すべきであろう。かつてドイツでは「都市は空気を自由にする」と言われたが、現在では大学において、そのことが最もよく実現されなければならない。それが学問の自由（憲法二三条）の意義であり、そのために大学に、「自律的、包括的な権能」が認められているのを忘れてはならない。

あとがき

筆者がいじめについて勉強し始めたのは、はじめにでも触れたように自分の子どもが、いじめが契機となって学校に行けなくなってからである。学校の先生方と話したが、こちらの意図は全く伝わらず、コミュニケーションの難しさを思い知った。どうしたら会話ができるのか、勉強していくうちにたどり着いたのが本書である。結局、お互いが共有する価値の根源まで遡って組み立て直すしかなかった。それが憲法でいじめを考えるということであり、私にとって根源的に考えるということであった。良く安易に「コミュニケーション能力の育成」ということが言われるけれど、考えてみれば、そんなにたやすくコミュニケーションができるならば、世界にこれほどの紛争は起こっていないであろう。共通の価値を掘り下げていく努力が必要とされているように思われる。

本書が出来るまでには多くの人との出会い、支えがあった。

まず、日本評論社の柴田英輔さんがいなければ本書はなかったであろう。「いじめ概念の憲法学的検討—児童・生徒の安全再構築のために」を読んだ柴田さんから本にするように勧められてからもう一〇年経っている。その間、諦めることなく励ましてくれた彼がいなければ、本書はなかったであろう。その時は、第一章にまとめられたように、学生とのバトルのようなやり取りをしていた時であり、第三章、第四章の構想などまだ存在していなかった。議論に参加してくれた学生の皆さんに感謝する。

　私に、学問的な刺激に満ちた自由な環境を与えたくれたのは岡山大学法学部である。ここでは特に、小畑隆資教授（日本政治史、当時）と井口文男教授（憲法、当時）の学恩に触れておきたい。本書では、生徒たち、あるいは先生たちの法意識にこだわってきた。この日本人の法意識を体系的に把握しようとすれば、古事記・日本書紀の記紀、仏教、儒教の理解が必要であろう。小畑教授は、この記紀の国家像を、守本順一郎の記紀研究を基本視点に、和辻哲郎の『日本倫理思想史』を媒介にして読み解く講座を開催され、私もその一月一回開かれる講座に四年間以上かけて参加させていただいている。そこでは多くの知的刺激を受けている。また、いじめを憲法学的に捉えるというアイデアも小畑教授から学んだ。

　この日本人の法意識をいかに人権を基本とする憲法秩序に接合するか。このような問題意識を刺激してくれたのが井口教授である。教授は、田中耕太郎の部分社会論の意義を主張され、サンティ・ロマーノの『法秩序論』を訳されていた。当初、その面白さを理解することができなかったのであるが、ある時、それをいじめ問題に適用できないか考え始めた。このようにして、第三章と第五章は、このお二人の学恩に負うのである。

さらに岡山大学法学部は、岡山弁護士会と共同で法教育研究会を立ち上げ、毎年ジュニア・ロースクールを開催し、法教育の教材開発を行っている。それも今年で一〇周年を迎える。その関連で、私も「法と道徳研究会」を立ち上げ、県下の中学校、高等学校でいじめ授業など行ってきた。共に活動している法学部教員、弁護士、中学・高校の先生、それに参加してくれた学生、生徒たちに感謝する。

岡山大学法学部、経済学部、文学部の上に、大学院社会文化科学研究科が存在する。ここに、地域公共政策コースを設立することにかかわることができた。そこには幸いにして、県下の地方議会議員、県庁・市役所の職員などに入学していただいている。この縁で、地方議会の役割や教育委員会の役割について議論することが多くなった。岡山県議会、倉敷市議会にも講演に招かれ、議員の方々と議論することもできた。この関連で、ネットワーク・アゴラという大学と地域との連携を模索する組織もできた。二〇一四年に行った交流のなかで、特に笠岡市で行った公開ゼミには、教育長以下、教育委員会職員に半日つきあっていただき、有意義な交流ができた。こうした講演や議論のなかから、第四章が成立した。この活動に関係している教職員、在学院生・修了生、協力していただいた市民の方々に感謝したい。

この研究に対して岡山大学からは、二〇一二年度大学戦略経費・地域総合センタープロジェクト「学部研究―地域と教育・大学」、二〇一三年度大学戦略経費・地域総合センタープロジェクト「学部研究―地域と教育　地域とつくる法教育」、二〇一四年度大学機能強化戦略経費・地域総合センタープロジェクト「学都研究―教育を受ける権利と学校のガバナンス改革」の助成金をいただいた。記して謝意を表したい。

本書を読まれた皆さんに、いじめ問題の構造的解決の方向性とともに、日本国憲法の戦略の奥深さとその魅力を理解していただければ幸いである。

最後に、子どもたちが学校に行けなくなった時、困惑・疲弊している妻を支えることもできず、いたずらに騒いで問題を大きくしたのは私だったと思う。本当にどうしてよいか分からなかった。ひたすらに現状を受け入れる努力から始め、いまは子どもたちも元気に学校に通えるようになり、一人はもう社会人である。その家族に謝罪し、感謝したい。本書を私の家族に捧げる。

参考文献（引用した文献ほか、参考にした文献）

〔主として第一章、二章関係〕

いじめについて政府、文科省などの文書

総務省ホームページ http://www.soumu.go.jp/hYouka/ijime00.htm（二〇〇六年確認）

文科省のホームページ、http://www.meXt.go.jp/b_menu/houdou/17/09/05092704.htm（二〇〇五年一〇月確認）

児童生徒の問題行動等に関する調査研究協力者会議・報告一九九六年七月一六日『「いじめの問題に関する総合的な取組について」～今こそ、子どもたちのために我々一人一人が行動するとき～』http://www.mext.go.jp/b_menu/houdou/08/07/960750.htm.

中央教育審議会一九九八年六月三〇日（答申）『新しい時代を拓く心を育てるために――次世代を育てる心を失う危機』http://www.meXt.go.jp/b_menu/shingi/12/chuuou/toushin/980601.htm.

教育課程審議会「生徒指導上の諸問題の現状について」二〇〇〇年一二月
http://www.mext.go.jp/b_menu/shingi/chousa/shotou/003/toushin/001219.htm.

文科省イジメの定義　http://www.mext.go.jp/b_menu/houdou/19/01/07012303.htm（二〇〇八年八月確認）

大津市立中学校におけるいじめに関する第三者委員会『調査報告書』二〇一三年一月三一日

第一八三回国会衆議院文部科学委員会会議録　第七号（二〇一三〔平成二五〕年六月一九日）
http://www.shugiin.go.jp/internet/itdb_kaigiroku.nsf/html/kaigiroku/009618320130619007.htm

第一八三回国会参議院文教科学委員会会議録　第八号（二〇一三〔平成二五〕年六月二〇日）
http://kokkai.ndl.go.jp/SENTAKU/sangiin/183/0061/main.html

いじめなどの事件についての判決など

いわき市小川中学校いじめ自殺事件・福島地（いわき支部）判一九九〇（平二）年一二月二六日、判時一三七二号三八頁

三室小学校いじめ負傷事件・浦和地判一九八五（昭六〇）年四月二二日、判時一一五九号七六頁

葬式ごっこ中野富士見中学校いじめ自殺事件・東京地判一九九一（平三）年三月二七日、判時一三七八号八九頁

村八分事件、大審院判決一九三四（昭九）年三月五日、刑集一三巻二一三頁

村八分事件、岡山地判一九七八（昭五三）年一一月一三日、判時九三三号一二六―一二七頁

いじめに関する文献

大河内君の遺書、http://YabusakamooJp/okouchiisYo.htm（二〇一三年九月九日確認）

森田洋司、清永賢二『新訂版　いじめ　教室の病い』金子書房・一九九四年

森田洋司ほか（編著）『日本のいじめ　予防・対応に生かすデータ集』金子書房・一九九九年

森田洋司（監修）『いじめの国際比較研究』金子書房・二〇〇一年

森田洋二『いじめとは何か　教室の問題、社会の問題』中公新書・二〇一〇年

ローズマリー・ストーンズ／小島希里訳『自分をまもる本』晶文堂・一九九五年

深谷和子『「いじめ世界」の子どもたち――教室の深淵』金子書房・一九九六年

尾木直樹『いじめっ子――その分析と克服法』学陽書房・一九九六年

尾木直樹『子どもの危機をどう見るか』岩波新書・二〇〇〇年

尾木直樹『いじめ問題をどう克服するか』岩波新書・二〇一三年

神保信一編『イジメはなぜ起きるのか　イジメブックス――イジメの総合的研究（1）』信山社・一九九八年

中田洋二郎編『イジメと家族関係　イジメブックス―イジメの総合的研究（2）』信山社・二〇〇三年

宇井治郎編『学校はイジメにどう対応するか　イジメブックス――イジメの総合的研究（3）』信山社・一九九八年

中川明編『イジメと子どもの人権　イジメブックス――イジメの総合的研究（4）』信山社・二〇〇一年

佐藤順一編『イジメは社会問題である（イジメブックス――イジメの総合的研究〈5〉）』信山社・一九九九年
森田ゆり『エンパワメントと人権』解放出版社・一九九八年
河合隼雄『いじめと不登校』潮出版・一九九九年（のち、新潮文庫・二〇〇九年）
小畑隆資「「いじめ」の政治学――「人権」と「権力」」（1）（2）（3）、岡山部落問題研究所編『部落問題――調査と研究』第一四五号、第一四六号、第一四七号（いずれも二〇〇〇年）
佐々木正美『続　子どもへのまなざし』福音館書店・二〇〇一年
内藤朝雄『いじめの社会理論』柏書房・二〇〇一年
内藤朝雄『〈いじめ学〉の時代』柏書房・二〇〇七年
内藤朝雄『いじめの構造　なぜ人が怪物になるのか』現代講談社新書・二〇〇九年
梅野正信・采女博文編著『実践　いじめ授業　主要事件「判決文」を徹底活用』エイデル研究所・二〇〇一年
梅野正信『いじめ判決文で創る新しい人権学習』明治図書・二〇〇二年
明橋大二『思春期にがんばっている子』1万年堂出版・二〇〇二年
レイチェル・シモンズ／鈴木淑美（訳）『女の子どうしって、ややこしい！』草思社・二〇〇三年
ロン・クラーク／亀井よし子『あたりまえだけど、とても大切なこと』草思社・二〇〇四年
土屋、ピーター・K・スミス、添田、折出（編著）『いじめと取り組んだ国々』ミネルヴァ書房・二〇〇五年
中富公一「いじめ概念の憲法学的検討――児童・生徒の安全再構築のために」名古屋大学法政論集第二一三号・二〇〇六年、七七―一一一頁（後、若干の修正の上、森英樹編『現代憲法における安全――比較憲法学的研究をふまえて』日本評論社・二〇〇九年所収、五六六―五九九頁）
中富公一「イジメの憲法学」（憲法理論研究会編『政治変動と憲法理論』敬文堂・二〇一一年、二一九―二三〇頁）
鎌田慧『いじめ自殺』岩波現代文庫・二〇〇七年
広田照幸監修／伊藤茂樹編著『リーディングス　日本の教育と社会⑧　いじめ・不登校』日本図書センター・二〇〇七年

平尾潔『いじめでだれかが死ぬ前に』岩崎書店・二〇〇九年
金子雅臣『パワーハラスメント なぜ起こる？ どう防ぐ？』岩波書店・二〇〇九年

人権論

ジョン・ロック／鵜飼信成（訳）『市民政府論』岩波文庫・一九六八年
ジャン・J・ルソー／井上幸治（訳）『社会契約論』中公新書・一九七四年
アレクサンダー・ハミルトン、ジョン・ジェイ、ジェームズ・マディソン／斎藤 真、中野勝郎（訳）『ザ・フェデラリスト』岩波文庫・一九九九年
ジョン・S・ミル／塩尻公明・木村健康訳『自由論』岩波文庫・一九七一年
堀尾輝久『人権としての教育』岩波書店・一九九一年
芦部信喜／高橋和之補訂『憲法 第五版』岩波書店・二〇一一年
高橋和之『立憲主義と日本国憲法 第三版』有斐閣・二〇一三年
佐藤幸治『日本国憲法論』成文堂・二〇一一年
樋口陽一『憲法Ⅰ』青林書院・一九九八年
奥平康弘『憲法Ⅲ 憲法が保障する権利』有斐閣法学叢書10・一九九三年
井口文男『憲法Ⅱ』有信堂・二〇〇三年
石川文康『良心論 その哲学的試み』名古屋大学出版会・二〇〇一年
エクハルト・シュタイン／浦田賢治（編訳）『ドイツ憲法』早稲田大学比較法研究所叢書・一九九三年
ボード・ピエロート、ベルンハルト・シュリンク／永田、松本、倉田（訳）『現代ドイツ基本権』法律文化社・二〇〇一年
ドイツ憲法判例研究会編『ドイツ最新憲法判例』信山社・一九九九年
Josef M. Wintrich, Zur Problematik der Grundrechte, 1957
V. C. Jackson & M.Tushnet' Comparative Constitutional Law 2th ed. 2006

〔主として第三章、第五章関係〕

国家と社会について、法学方法論

ゲオルグ・W・F・ヘーゲル／長谷川宏（訳）『法哲学講義』作品社・二〇〇〇年
マックス・ウェーバー／世良晃志郎（訳）『支配の諸類型』創文社・一九七〇年
ハンス・ケルゼン／長尾龍一（訳）『純粋法学』岩波書店・二〇一四年
ハンス・ケルゼン／清宮四郎（訳）『一般国家学』岩波書店・一九八六年
サンティ・ロマーノ／井口文男（訳）『法秩序論』（1）（2）（3）、岡山大学法学会雑誌第六二巻第一号、同第二号（二〇一二年）、同第三号（二〇一三年）
カール・マルクス、フリードリッヒ・エンゲルス／廣松 渉、小林 昌人（訳）『ドイツイデオロギー』岩波書店：新編輯版・二〇〇二年
『伊藤博文演説集／瀧井一博編』講談社学術文庫・二〇一一年
和辻哲郎『日本倫理思想史』（初版一九五二年）岩波文庫・二〇一一年
川島武宜『日本人の法意識』岩波新書・一九六七年
守本順一郎著／岩間一雄編『日本思想史』未來社・二〇〇九年
守本順一郎『日本思想史の課題と方法』未來社・二〇〇八年
高木八尺、末延三次、宮沢俊義（編集）『人権宣言集』岩波文庫・一九五七年
溝口雄三『公私（一語の辞典）』三省堂・一九九六年
村上淳一『〈法〉の歴史』東京大学出版会・一九九七年
高橋和之「天皇の国事行為について思う」、岩波書店編集部編『昭和の終焉』岩波新書、一九九〇年
初宿正典、高田敏（編訳）『ドイツ憲法集　第六版』信山社・二〇一〇年
橋爪大三郎・大澤真幸『ふしぎなキリスト教』講談社現代新書・二〇一一年
末弘厳太郎『末弘著作集１　法学入門』（一九三四年）、日本評論社・一九八五年
末弘著作集『末弘著作集４　嘘の効用　第二版』（一九二二年）、日本評論社・一九八五年

田中耕太郎『法律学概論』学生社・一九五三年
米内山事件最高裁大法廷判決一九五三（昭二八）年一月一六日、民集七巻一号一二頁
富山大学単位不認定等違法確認請求事件最高裁第三小法廷一九七七（昭五二）年三月一五日、民集三一巻二号二三四頁
長谷川正安『憲法学の方法』日本評論社・一九五七年
長谷川正安『法学論争史』学陽書房・一九七六年
長谷川正安「法の現象形態」（同『憲法とマルクス主義法学』日本評論社・一九八五年）
カール・レーヴェンシュタイン／阿部照哉、山川雄巳（共訳）『新訂　現代憲法論』有信堂・一九八六年
吉田栄司『憲法的責任追及論Ⅱ』関西大学出版部・二〇一〇年
中富公一「E．フォルストホッフの憲法論の形成――生存配慮概念の提唱まで」名古屋大学法政論集第九五号・一九八三年三月・二四五―三一三頁
中富公一「『憲法学の方法』（一九五七年）の成立」（杉原・樋口・森編『長谷川先生追悼論集　戦後法学と憲法』日本評論社・二〇一二年所収）
中富公一「公立中学校における髪型の規制」（『憲法判例百選Ⅰ　第六版』有斐閣・二〇一三年、四八頁）
中富公一「グローバリゼーションと大学自治の構造転換――米、豪との比較公法的検討」岡山大学法学会雑誌第六四巻第一号（二〇一四年九月）、一頁以下
Eric A. Feldman, “The Ritual of Rights in Japan” Cambridge University Press. 2000
Kenneth J. Vandevelde, Thinking Like a Lawyer: An Introduction to Legal Reasoning. Westview Press, 1996
E. Forsthoff, Rechtsstaat im Wandel, 2. Aufl., München 1976
E. Forsthoff, Der Staat der Industriegesellshaft, München 1971

〔主として第四章関係〕

教育の中立性、教育委員会について

教育再生会議「教育委員会等の在り方について（第二次答申）」二〇一三年四月一五日